九歌小教室 8

三國成語攻略

——對字，多一點感覺！4

黃秋芳　著

目錄

總序 讀書、寫字，很幸福！

黃秋芳

讀書、寫字，本來是一件最沒有負擔的幸福。學會認字，是我們脫離「幼稚」，長出一點點「智慧」的轉折關鍵，當我們還很小很小的時候，常為了認出一個字，聯近想遠，無限延續，跟著這些飛躍的片段，開心好半天！沒想到，隨著字越認越多，書越讀越厚，那種單純又豐富的「發現的快樂」，壓縮在各種考試、評比的壓力底下，慢慢都凋萎了。

究竟，我們要如何在成長的旅程中，撿回讀書、寫字的快樂呢？

法國學者兼暢銷書作家丹尼爾・貝納（Daniel Pennac），找到一個簡單又有趣的方法。他說：「閱讀就像談一場戀愛！戀人不會對愛情疲憊，也不可能找不到時間。」

「對字，多一點感覺！」這個書系，就像一場又一場「和字談戀愛」的過程。以「認識一個字的形音義」做起點，深入觀察，停格感覺，自由聯想，透過一本又一本不同切入點的「字書」，有時候，想像一個字的身世故事；有時候，從真實的字裡虛構出擬人的悲歡憂喜；有時候又延伸成歷史的理解、小說的聚焦、大自然的體悟，甚至是文化的薰陶、生命態度的實踐……，從小小的字出發，用心領略，聯繫到更寬闊的世界。

這就是為什麼，我們可以發現，在長期使用「簡體字」做為書寫工具的地區，只要浸泡在中文系的薰陶裡，就能辨認出古書裡的每一個字。因為，靜靜去感受字裡沒有說出來的千言萬語時，許許多多人文的情韻、溫厚的思索，都將一點一滴，滲入我們的生活。

就是要先「愛上了」，我們才有機會，一輩子擁抱著熱情，隨時隨地，快樂地讀書、寫字。

推薦序

我讀《三國成語攻略》

余遠炫

黃秋芳老師所寫的《三國成語攻略》，是一本既可學習語文，又可豐富歷史知識的好書。書名雖然一氣呵成，但事實上仍可從三個角度切入讀起：三國、成語與攻略。這裡所說的《三國》故事，大致上以元末明初的大作家羅貫中所寫的《三國演義》為主。書中所列舉的成語，都可從《三國演義》中發現，而有些成語的典故出處，甚至就從三國時代產生。

「三國」雖然是中國歷史上一段動盪不安的時期，卻也是英雄出少年，江山代有人才出的時代。梟雄、謀士、武將、戰技、武器、英雄與美女，在三國的舞臺上你方唱罷我登場，好不熱鬧。不少動漫與遊戲軟體，也喜歡以三國做為時代背景，設計故事情境。許多人可能是透過動漫或遊戲軟體，認識三國這個時代，甚至因此想尋找相關書籍，閱讀有關三國的故事，三國時代也成了大家耳熟能詳的歷史。而透過《三國演義》裡出現的成語，帶領讀者認識三國，了解成語，就成了一件有趣的嘗試。

「成語」則是一種形式固定的詞組，通常以四個字為主，且每個成語背後都有屬於它的故事。在寫作應用上，用對成語，可以使文章更加流暢具有說服力，也可顯示寫作者的程度，不過錯用成語，就會造成災難。錯用成語而引發的災難，還真是「罄竹難書」。譬如說：「這片果園受到颱風強襲，落果嚴重，農民的心血付之一炬。」唉！「付之一炬」應該用在火災而不是水災吧！還有學生寫：「老師這次我們班得了全校整潔比賽第一名，你可以開心的含笑九泉了。」我想，老師看到應該要抓狂了吧！

「成語」很好用，「成語」也很不好用，用得好用得巧妙，為文章增添風采；用得糟用得離譜，就會弄出一堆笑話。所以「攻略成語」就很重要，因為唯有徹底了解「成語」的生成、來源與應用，才不會用錯成語。「美輪美奐」可以拿來形容建築物的雄偉，卻不能用在形容水晶玻璃光燦耀眼。就像「付之一炬」只能用在火災造成的損害，而不能用在水災上一樣，因為這些成語是有特殊用法的，有些成語還帶著負面用法，更得小心謹慎不能隨意使用。

秋芳老師的《三國成語攻略》引述《三國演義》中出現的成語，並將成語的典故出處與《三國演義》中出現的章回巧妙結合，並帶領讀者思索成語的意涵，最後提出運用的實例，透過「典故」、「思索」與「運用」，認識成語、思索成語與運用成語。最精彩的部分，則是秋芳老師對每個成語背後的分析與感想，既感性也理性，穿梭在《三國演義》的故事裡，也回到現實生活裡，每一篇成語運用後的文章，不僅是一篇優秀的作文範例，更是秋芳老師縱橫古今，馳騁歷史的才情與任真之作。

《三國演義》有三寶，羅貫中的小說、毛宗崗的批評與金聖嘆的鑑定。三寶之外我覺得楊慎的《臨江仙》詞更是一絕。楊慎的詞，因此常被誤會成是羅貫中所寫。楊慎與父親楊廷和因為「大禮議」事件，得罪了明世宗嘉靖皇帝，楊慎更受到杖責與流放。楊慎流放雲南時，寫了不少詞，其中《臨江仙》：「滾滾長江東逝水，浪花淘盡英雄。是非成敗轉頭空，青山依舊在，幾度夕陽紅。白髮漁樵江渚上，慣看秋月春風。一壺濁酒喜相逢，古今多少事，都付笑談中。」因被毛宗崗移到《三國演義》前頭當成開卷詞而特別受到注目，成為琅琅上口的詞句。

秋芳老師則是頗巨匠心地把楊慎的詞，做為《三國成語攻略》的目錄，緊扣著三國的主題，旁徵博引，展現磅礡的氣勢，所謂「開卷有益」，就請讀者們跟著秋芳老師攻略成語認識三國囉！

滾滾長江東逝水

1. 分久必合，合久必分
2. 呼風喚雨
3. 危在旦夕；旦夕之危
4. 易如反掌

1 分久必合，合久必分

【典故】《三國演義》第一回：話說天下大勢，分久必合，合久必分。

【思索】從歷史興替中，分合盛衰，循環反覆，可以找出一種重複模式，在相似中帶著小小的差異往前走去，讓我們在理性上學習整體理解，另一方面，也在感性上學會自在面對。

【運用】和同學吵架，好幾天心情都很差，只要想通了這世界上哪件事不是分久必合，合久必分，心情就會出現陽光，不必太在意。

喜歡《三國演義》嗎？這本古典小說，描寫了一百多場戰爭、四百多個人物，生動、強烈，這種力量多半來自於作者羅貫中的熱情和熱血。

這個聰明又充滿好奇和勇氣的孩子，七歲在私塾熟讀四書五經，七年後，母親生病過世，跟著單親爸爸，從北方到南方，一路要學著做絲綢買賣。一路上，他看到生活的掙扎、也看到奢靡的繁華，元代中期，朝代更替的創傷逐漸平息，社會的經濟、文化重心，慢慢由北方轉向南方，直到他停留在南宋故都杭州，更加深刻地感受到人口、商業、藝術相互撞擊後形成的「夢幻城」。

他那特別發達的大腦，不斷消化著七年來的知識，對照現實，再摻進更多自己的想像，加上奔波勞碌的旅途，鍛練出強健的體能，還有不斷貼近各地生活的實際經驗，使得他對不同地域的風土人情和不同階層的人性情緒，充滿好奇，也精細地延伸、理解。徵得父親同意後，他跟隨當時著名學者趙寶豐當「實習生」，在溫暖舒適的南方，交到志同道合的朋友，發現民間文學生動的魅力，還拜了個有名的師傅施耐庵，跟著他讀書、寫字，想像著世界「如何還可以更好？」

這些美好的生活滋養，讓他也爲自己選了個暱稱，自號「湖海散人」，散發著「漫遊江湖、浪跡天涯」的帥勁，很酷吧？

元朝平定西北後，國家版圖大爲擴張，歷經三十年安定輝煌。不過，遠征日本、東南亞諸國，屢次失利，而後皇位頻繁更迭，通貨膨脹，爲了黃河氾濫又加重傜役，統一中國才短短七十年，隨即爆發「紅巾軍」抗暴戰爭，而後重複了一場東漢末年群雄割據的歷史大戲。

長期執迷聽戲、看戲的羅貫中，跟著師傅施耐庵，從清談書生轉投張士誠革命陣營，成爲施耐庵幕僚集團裡的「時代力量」，在眞實的人生舞臺上，奮力演出一次「最重要的生命大戲」，渴望爲自己、爲人民、爲天下，掙出光明燦爛的未來。可惜，張士誠不是理想的領導者，這場「帝王爭霸賽」的最後冠軍，讓朱元璋拿走以後，從此不斷猜忌、提防這些充滿理想又有足夠勇氣投入戰場的書生們。最後，施耐庵只好回到書桌前，把滿腔熱情化爲《水滸傳》，刻畫各種不同個性的英雄，情義相挺，超越生死，強烈凸顯出人性衝突，延續他未完成的人間理想。

《水滸傳》中「官逼民反」的叛逆思想，以及這些充滿熱情的「夢想家」和整個世界決裂對抗的悲劇抗爭，在明朝初創、國家需要更強烈的效忠和認同時期，觸怒了統治權威，施耐庵被捕坐牢，變成那個時代的「良心政治犯」。爲了營救老師，羅貫中用心注解、接續了《水滸傳》結局，讓這些叛逆英雄接受招安，爲國四處征伐，成爲守護國家的大將軍，並且想盡辦法，透過老師好友劉伯溫的協助，救出施耐庵，陪他走完生命最後一段旅程。

瞧，這多像一場驚天動地的連續劇呢！眞實的人生，比小說還曲折。看遍了征戰的殘酷、勝負的絕然，羅貫中慢慢學會，保護自己，不太和人往來，安靜地思索天下混亂後的強弱興替。後來，有位小他近二十歲的作家，編輯一本《錄鬼簿續編》，蒐集好多已經變成「鬼」的作家和作品，仔細介紹，深怕別人忘記了他們，其中，他介紹羅貫中「與人寡合」，卻「與余爲忘年交」，也就是說，他的朋友變少了，卻能眞心相待，超越年齡背景差異。

羅貫中從熱鬧、紛亂中抽身出來，用自己的觀點，深入解釋天下分裂和爭奪，醞釀出更多細膩的觀察和深邃的領略，成爲一個獨特的「亂世戰略家」，從春秋戰國、楚漢相爭、光武中興到三國爭逐的規律，寫出《三國演義》第一回開場：「話說天下大勢，分久必合，合久必分。」

這是他在亂世浮沉中，最深刻的感慨，也是他開始長途跋涉在「攻略探險」的起點。

中國歷史經過七個分裂時期，從「黃帝、炎帝、蚩尤」、「春秋戰國」、「三國」、「五胡十六國」、「南北朝」、「五代十國」到「南北宋與遼、西夏、金、蒙古」，羅貫中從這些戰亂痛苦中選材，先後完成了《三國演義》、《隋唐志傳》和《殘唐五代史演義傳》。《三國演義》開創了「歷史演義」小說類型；他也藉由《三遂平妖傳》寫出華文創作史上的第一部奇幻小說，和《水滸傳》一起確立「英雄傳奇」和「奇幻神魔」的創作原型；源生於《水滸傳》的《金瓶梅》，後來又開啓「驚世奇情」的通俗閱讀。

雖然，沒能在亂世中道王稱帝，羅貫中卻在幽深黑暗的文學荒原中，開啓新局，成爲「中國古典小說之王」。如果有機會讓他活到現在，讀了更多文學作品，比較過東西方的生活撞擊，再混進一點點《魔戒》般的中古設定觀點，將近七百歲的羅貫中，應該就是個熱情又有智慧的「頑皮魔法師」，用智慧和勇氣，提出各種攻略技巧，用驚人的戰略和戰術，解釋成吉思汗西征、十字軍東征，甚至是伊拉克混亂和伊斯蘭聖戰士的各種糾結，完成一個龐大系列的《攻略魔法書》。

這本驚天動地的鉅著，翻篇第一句，應該還是「話說天下大勢，分久必合，合久必分」吧！

2 呼風喚雨

【典故】《三國演義》第一回：角得此書，曉夜攻習，能呼風喚雨。

【思索】風雨是大自然的平衡循環，想要打破這種局限，創造力量，以為可以無中生有，藉此讓人尊敬，常常也引起意想不到的變化和災難，讓人害怕。

【運用】看資優生在班上呼風喚雨，心裡好羨慕，不知道在心裡祕密的角落，他們是不是也和我一樣，有一些小小的煩惱？

羅貫中這個「中國古典小說之王」，在拘謹的東方世界，用「奇幻神魔」的各種奇想，衝撞這個讓他期待又不得不失落的現實世界。像大廚買菜，看起來很平常的魚肉蔬菜，他卻可以運用各種巧思，如同科學實驗，透過物理或化學變化，把食材的味道、口感、質地、樣貌打散，重新「組合」成一道又一道「分子料理」，固態食材變成液體甚至氣體，一種食材的味道和外表酷似另一種食材，蔬菜魚子醬、果凍生魚片、水壽司、青豆冰淇淋、奶油起司蛋、泡沫蛋糕……，爲平凡日常新增更多樂趣和想像，讓我們可以放慢速度，咀嚼出千萬種滋味。

《三國演義》第一回開頭，各種奇異幻術，就像一道又一道「分子料理」上桌，讓人目瞪口呆。用現代觀點來看，漢高祖劉邦斬殺白蛇，宣告起義，只是小小的「網路片花」；接下來靈帝上場，簡直就是世界末日的大螢幕預告片，崩天裂地，光想像特效，心跳都會掉了好幾拍。

特寫鏡頭，從西元一六九年開始，那時，古人叫做「建寧二年」。靈帝在溫德殿剛坐下，殿角狂風驟起，大青蛇從梁上飛下，盤旋在皇帝龍椅上，靈帝嚇昏了，大殿上亂成一團，轉瞬間蛇就不見了，反而轉成驚天動地的震雷暴雨加冰雹，落到半夜，房屋傾倒無數。

兩年後，洛陽地震，海水氾濫，沿海居民，盡被大浪捲入海中。世界纏繞在不安的動盪裡，反覆折騰到西元一七八年，母雞竟然變成公雞；好好的盛夏，忽然降溫驟寒，黑氣飛入溫德殿，盤旋十幾丈；秋天不該出現的暴雨後的彩虹，穿進官堂，華燦得近於妖異；山原崩裂，彷彿信心崩盤，震碎了大家平安活下去的勇氣。

「怎麼會這樣呢？」靈帝很害怕，著急地問著文武百官，整個世界都生病了，到底該怎麼辦？這時，整個朝廷就像「權力蹺蹺板」一樣，不是由外戚把持朝政，要不然就是讓宦官翻雲覆雨，一上一下，輪流掠奪，國家體質越來越衰弱，人民生活越來越艱難，外戚和宦官的權力卻越來越膨脹，誰也不敢說眞話。只有議郎蔡邕，也就是當時的「總統府祕書」，把握這個難得的「說眞話機會」，苦勸這個不太認眞工作的「大老闆」：「皇帝啊！后妃一族，或者是打理雜務的宦官，都應該守在後宮。可是，他們現在都超越本分，干預朝政，像母雞變成公雞，世界的秩序都被干擾了。」

天地變化，都和人事更動有關係，很像奇幻小說吧？看起來，這小小的轉機，就要爲大家帶來希望了。靈帝讀著一篇又一篇奏章，決定起身「更衣」。注意噢！這可不是換個衣服這麼簡單，看得到的「更衣」，是爲了襯出看不見的決心，這就是讀小說的樂趣，讀者開始期待，從此以後皇朝即將改頭換面，爲天下蒼生打造出一番新氣象。可是，別高興得太早，這本書才剛開始呢！根據「故事拖棚原則」，這種小祕密，很快就會被奸邪小人發現，接下來的變化速度更快，宦官感受到生存危機，立刻聯合起來陷害蔡邕，將他放逐到偏鄉，皇帝這充滿希望的小小振作，瞬間都被龐大的「利益集團」綁架，成爲「權力蹺蹺板」反覆起落的一點點夢幻泡影。

十個宦官聯盟，成爲政治舞臺上的恐怖勢力，叫做「十常侍」。老大張讓心知肚明，再讓皇帝「胡思亂想」下去，他們的權力、地位，全都岌岌可危，所以不顧一切地擴張權限，連皇帝都得稱他「阿父」。這個稱呼，徹底拆掉「皇家權威」的空殼子，人人知道，國家和皇帝都快完蛋了，天下混亂，盜賊四起，反正都活不下去了，反而醞釀出一個又一個不一樣的英雄，帶著「賭一把」的衝勁，說不定逮到那「萬分之一」的機會，爲大家燃起一點點希望的火苗。

想要好好「活下去」，成爲亂世中唯一的卑微願望。

就在皇都不遠外，有個「鉅鹿」古城，座落在太行山脈南段東麓延續出來的華北平原中部，依山傍水，人口密集，就是項羽破釜沉舟、大敗秦軍主力的「戰爭舞臺」。傳說，當年有位落魄書生，叫做張角，在上山採藥時，遇到南華神仙，送他三卷《太平要術》魔法天書，期勉他行善除惡，爲人間帶來幸福，然後化爲清風消失，從此以後，張角日夜用功，學會呼風喚雨，成爲一個可以救苦濟難的魔法師，叫做「太平道人」。

到了西元一八四年，距離「天上掉下一條大青蛇」的末世警訊，又過了十五年。世界越來越糟，瘟疫流行，顯然政府和官員都沒什麼改進，只能靠張角施符念咒，大量製造「魔法水」，爲大家治病。他變成「救世主」的象徵，點亮革命之火，在混亂中提出讓人深信不疑的競選標語：「蒼天已死，黃天當立」和「歲在甲子，天下大吉」，自稱「天公將軍」，讓兩個弟弟張寶擔任「地公將軍」、張梁接手「人公將軍」，分別從天、地、人三方面打文宣耳語戰，告訴大家，人民曾經視皇家爲蒼天，皇家對人民的病、死，不管不顧，幸好，在東漢的火德中，火生土，火的國色是血腥的赤紅，土的國色卻是溫暖的黃，大家一起繫上黃巾，改變「飢餓遊戲」的規則，爲更好的生活奮鬥！

張角不斷擴編徒衆，傳奇地召喚出驚天動地的黃巾起事。

將近四、五十萬追逐希望的黃巾軍，終究和「幸福」錯過了。這些努力和奮鬥，卻在呼風喚雨的歷史轉折中，直接促成東漢崩解，掀起近百年的三國風雨。

3 危在旦夕；旦夕之危

【典故】《三國演義》第二回：劉陶：「天下危在旦夕，陛下尚自與閹宦共飲耶？」
《三國志・蜀志・孟光傳》：旦夕之危，倒懸之急。

【思索】快樂，是人生中最自然的追尋。吃喜歡的點心，做喜歡的事，和喜歡的人在一起，那些很清楚的「眼前的危險」，因爲不喜歡，反而都故意忽略了。

【運用】先別管危在旦夕的期末考，沒讓我搞懂這個最新的電腦繪圖板，腦子裡拚命繞著那些胡思亂想，哪裡讀得下書呢？

有沒有注意到，我們身邊，總有一些像「魔法師」般的神祕存在？不必花太多時間讀書學習，卻能在考試或競賽中拿到第一名；不需要辛苦準備，卻可以輕鬆應付難題；當所有人都準備放棄時，還能夠另闢新路，走出一段截然不同的卓越風景。

放大到整個世界，更有趣的是，每隔一段時間，我們都可以在歷史上，看到很多「神奇魔法師」，用各自不同的方法，改變世界，讓我們除了讚嘆，簡直不知該如何解釋。

爲了好好理解這些「神祕現象」，我們不妨做個「魔法假設」，讓他們得到永生，有機會齊聚一起，成立一個超強的「魔法學院」。我們可以像第一天報到的魔法學院新生，貼身觀察，仔細研究這些魔法師們，試著把這段歷史摺過來，比對那段歷史，穿梭在變化無窮的無限時空，把更多有趣的知識和想像，整理成一個系統，輕鬆裝進我們的腦袋裡，也爲自己創造出一些魔法。

首先，我們得先找出七百歲的羅貫中。走過革命歲月的激情和失落，他慢慢習慣躲進書房裡，靜靜讀書、寫字，「與人寡合」。幸好，他還是喜歡「忘年交」，所以，我們還可以找到比他小了三百歲的「研究助理」毛宗崗。這個四百歲的「小助理」，歷經明末清初的民生困頓，和羅貫中看到的元末明初和三國爭霸的末世亂象，懷著充滿差不多的感慨，所以，特別容易產生共鳴和聯想。

他花了很多時間，增刪、注解，挑錯字，改文句，付出不可忽略的貢獻，讓《三國演義》換裝成整編新版，從此被視爲經典；也讓羅貫中在「中國古典小說之王」的資格考中異軍突起；更讓自己從「小助理」升級成「名牌經紀人」。爲了進一步行銷，他選了明朝三大才子之一的楊慎詩作〈臨江仙〉，做爲《三國演義》的「卷頭詩」，大受歡迎，成爲最常被引用的「片頭曲」：「滾滾長江東逝水，浪花淘盡英雄。是非成敗轉頭空，青山依舊在，幾度夕陽紅？」

聰明、用功、家世背景絕佳的楊慎，跟著《三國演義》翻紅，從客老偏鄉的落魄詩人，轉型成明星寫手，充滿文青魅力。更特別的是，專長製造偶像的毛宗崗，精心設計出南陽茅廬的精彩對聯：「淡泊以明志，寧靜而致遠」，爲「十大軍師」排行榜上的常勝軍諸葛亮，塗抹幾分文藝氣質，讓他擠進「十大小說男主角」的前段班，從此也跟著身價暴漲。

四百歲的毛宗崗，就這樣把七百歲的羅貫中和五百歲的楊慎兜在一起，形成一個能寫詩、很會說故事，而且充滿廣告行銷點子的「魔法小集團」。無論他們喜不喜歡這個世界，他們總是想靠自己的力量，熬過痛苦，找到自己的熱情和專長，把世界改造得更像他們喜歡的那個樣子。這是一種多麼美好的力量呢！想一想，我們在一生中，會遇上誰？對什麼產生興趣？願意爲自己的渴望和夢想付出什麼努力？以及在問題發生時，相信什麼解釋？選擇什麼行動？……這一連串相關的思維和做法，決定了最後我們會變成什麼樣子？

在青蛇示警、海嘯山崩、母雞變成公雞時，曾經想要有所作爲的靈帝，也許就是困在「做錯了選擇」。面對十常侍聯手包圍的壓力，他越來越害怕改變，不再夢想改變世界，只希望日子繼續開開心心。有一次，十常侍爲皇帝在後花園辦戶外Party，沒有做好警衛管制，監察委員劉陶闖了進來哭訴：「天下危在旦夕，陛下怎麼還玩得下去？」

「國家太平，哪有什麼危險哪？」皇帝覺得很掃興。劉陶說：「盜賊侵掠，都是因爲十常侍賣官害民，有良心的官員們都辭職離開了啊！」

「大臣容不得我們，我們也不想繼續待在宮裡了，請皇上把我們放逐到鄉下，我們的財產都充公移作軍費吧！」十常侍跪在地上表態盡忠。皇帝不高興地斥責劉陶：「你看，他們都這麼忠誠。你家裡不是也有佣人嗎？爲什麼就不讓我也有幾個好幫手呢？」

「臣死不足惜，可憐四百年漢室天下，就要亡國了。」劉陶被衛兵抓出去時，一路大喊，剛好被宰相陳耽看到，忍不住加入這個勢力單薄的「捍衛聯盟」，拉高層級，猛撞臺階。在古代，這種撞得滿頭是血的說教方法，叫做「血諫」，很容易得到「忠誠認證」，大部分都會被寫進史書裡，只是，有個副作用，就是會讓皇帝更生氣，於是，陳耽跟劉陶一起被關起來，當天晚上，十常侍殺了這兩個人，好讓天下人都看見，天下之危，隔得很遠，槓上十常侍，可就危在旦夕，誰也活不到明天。

這件「謀殺案」，發生在西元一八五年，黃巾起義一年多，距離董卓入主洛陽亂政，還有四年。

當時的宦官孟賁，有個弟弟叫孟光，喜歡研究歷史，在獻帝遷都長安時，深知世界即將大亂，急忙逃進西蜀。那是個像保險箱一樣安全的「天府之國」，讓他過著童話般幸福快樂的日子。因爲認眞做學問，極受劉焉父子尊重；後來當上劉備的「總統府顧問」，規劃各種制度；劉禪繼位後，繼續在內政部負責糧食規劃控管，一直活到九十幾歲，見證著活生生的蜀國史。

西元二四六年，大將軍費禕想要大赦天下，孟光公開唱反調：「大赦，多半不得已才實行。蜀國現在，有什麼旦夕之危，一定要施恩給壞人呢？」

懷著巨大信心的孟光，最後，還是阻擋不了蜀國消失的命運。

擔心「危在旦夕」的劉陶，推翻「旦夕之危」的孟光，分別在三國的開頭和收尾，提醒我們，萬事萬般，危在旦夕，生命這樣脆弱而珍貴。也因爲這些、那些想像不到的艱難挑戰，讓我們更加珍惜，還有機會，爲夢想付出努力，在問題發生時，更願意認清方向，展開有效的行動，把世界改造得更像我們喜歡的那個樣子。

4 易如反掌

【典故】《三國演義》第二回：袁紹獻策召四方勤王，何進曰妙。曹操笑：

「此事易如反掌，何必多讓？」

【思索】事情越容易做到時，我們反而考慮得更複雜，岔出許多原來料想不到的意外和變化。倒不如適當地接受考驗，面對挑戰，只要想法堅定，事情就會變簡單。

【運用】從小到大，我們家的假期幾乎都用來露營。累積了多年經驗，幾乎閉眼就可以搭好帳篷，所有的户外挑戰，易如反掌，越來越沒有挑戰性啦！

混亂時刻，最能夠考驗出我們的感情和判斷。大部分動人的故事，常因爲一、兩句話，或者是一些讓人意料不到的選擇，讓許多人事判斷，變成典範，並且在傳抄過程中濃縮重點，簡化成最容易被記住的四個字，像古代四言詩那樣，四個字又四個字，成爲大家反覆引用的材料，這就是「成語」的起源。

成語的故事來源，最常取材自春秋、戰國時期，其次是三國，這是華夏文化的分裂時期中，最爲轟轟烈烈的英雄時代。談到「易如反掌」這個成語，最早還是要追溯到戰國時代的孟子。

孟子如果活到現在，將近兩千四百歲了，簡直可以客串「南極仙翁」模特兒，讓我們畫出仙髮飄飄的修仙世界。因爲他的學生們勇於提出問題，並且勤於寫成「教學日誌」，我們才可以在這本名師演講集裡，透過《孟子・公孫丑上》還原的教學現場，想像一下，孟子有個學生叫公孫丑，非常崇拜讓齊國君主稱霸諸侯的管仲和讓齊君盛名遠揚的晏嬰，忍不住好奇追問：「老師，如果您在齊國執政，是否能立下像管、晏那樣的大功呢？」

「稱霸、揚名，算什麼大功呢？」孟子搖搖頭說：「齊國是大國，地廣人多，如能施行仁政，完成天下統一的王業，就像『反手』那麼容易，可是他們都沒有做到。」

孟子這時候說的「反手」，後來被大家沿用，慢慢又衍生出「易如反掌」的說法。《三國演義》一開始，何太后的哥哥何進急著擴張權力，和十常侍盤據在「權力蹺蹺板」兩端互相纏鬥，因爲袁紹鼓吹何進誅殺宦官，被十常侍的間諜得到消息，老大張讓急忙賄賂何皇后，阻止何進，袁紹又建議：「乾脆把派駐在邊疆的軍閥們叫回來，殺盡宦官，太后也不敢不聽話。」

「嗯，此計眞妙！」何進剛想調動軍隊時，他的祕書陳琳很快把何進比喻成「蒙上眼睛抓麻雀」，強調外兵入宮，只會招來大亂，還是閃電殺進宮中最乾脆。何進認爲，害怕大亂，是懦夫怕事的藉口，曹操忍不住大笑諷刺：「除去宦官元凶，易如反掌，何必找人幫忙呢？」

「難道，是你想要奪權嗎？」何進非常生氣。曹操很失望，這個何進，身爲大官，卻沒辦法看出問題、決斷方向，一定會把災難帶進京城，讓天下捲入痛苦。果然，董卓奉詔進京後，燒殺掠奪，殘害人民，「十八路英雄伐董卓」的口號，像「殺人比賽」的開賽槍響，從此，軍閥割據，從中原打到東北，從黃河打到長江，沒完沒了地延續了近百年。

為什麼曹操認為這麼簡單的「翻一下手掌」，何進卻一口拒絕了呢？因為，反，就是改變，我們習慣待在自己最熟悉的「舒適圈」，想要翻轉思想，或者轉換行為方式，就害怕隨著這個改變會帶來不確定的影響。曹操這時只是個小人物，改變現況，影響不大；何進卻代表「外戚勢力第一人」，就算只是「翻個手掌」，也會讓他憂慮牽動出難以承受的變化。

得到越多的人，恐懼越大。就像來自英國的大才子王爾德說的：「世界上只有兩種悲劇，一種是不能得到想要的，另一種是得到了。」不能得到時，日思夜想，反覆折磨，當然很悲劇；既然得到了，為什麼還是沒有找到幸福呢？我們看何進，就知道得到越多，恐懼越大，就算無所恐懼，也就無所追尋，沒有夢想的人生，還不「悲劇」嗎？

如果王爾德活到現在，已經一百六十歲。和七百歲羅貫中、五百歲楊慎、四百歲毛宗崗這個「魔法小圈圈」相比，還很年輕，所以，他還有很多力氣，用來衝撞「舒適圈」，一輩子用獨特的個性在奮鬥，這種藉由「無止盡的改變和進步」來靠近幸福的力量，就是生命的活水。

接下來，我們可以透過「易如反掌」的成語進階版，用「反掌折枝」來形容很容易做到的事，讓學習也跟著永無止盡地進步。這又要回到很喜歡講道理的孟子，用現代觀念來看，他開了一門專利課，叫做「王者之道」，在遍地都是大王、小王的戰國時代，是一個很受歡迎的講師。

孟子用「老吾老，以及人之老，幼吾幼，以及人之幼」這個口號，作爲「仁義之王」的標準課程。孝順自己的長輩時，順便照顧別人的長輩，愛護自己的孩子時，同樣也憐惜別人的孩子，這不是很簡單嗎？就好像我們聽到有人說：「我不能揹著泰山飛過北海。」這是眞的不能；可是，如果有人說：「我不能爲長輩折一根樹枝。」這就不是「不能」、而是「不肯」了。

不過，「反掌折枝」這個成語，目前可能需要申請「退休」了。想想看，兩千多年前，到處都是蓊鬱的森林，人口不多，要活得平安到老，更是少見的福分，爲長輩折根樹枝當拐杖，是一件很容易的事。到了現代，醫療進步，人類平均壽命拉長，加上人口密集，森林過度開發，任意折枝，不僅不太容易，而且也不恰當，對環境造成太大傷害，所以，我們的學習內容，隨著時代改變，還是得勤於更新。

幸好，科技再發達，除了嫦娥和幾個幸運成功的太空人之外，「難如登天」，仍然可以用來形容很困難的事。至於孟子同時舉的另一個例子，揹著泰山飛過北海，除了魔術師表演時使用的障眼法之外，應該還沒人做得到，用「挾山超海」來形容困難，直到現代，還是很困難。

董卓和呂布

浪花淘盡英雄

1. 高枕無憂
2. 沉魚落雁；閉月羞花
3. 不由分說
4. 轅門射戟

1 高枕無憂

【典故】《戰國策・齊策四》：馮諼還報孟嘗君：「三窟已就，君姑高枕爲樂矣。」

《三國演義》第五回：長沙告急，呂布挺身而出，董卓：「吾有奉先，高枕無憂矣！」

《三國演義》第一百零四回：確知諸葛死信，司馬懿：「孔明已死，吾等高枕無憂矣！」

【思索】世界變化如狂潮，我們在什麼時候，處於什麼樣的情境中，才能身心安適，無憂無慮呢？

【運用】無論世界變成什麼樣子，只要我們能夠相信愛，找到熱情，做自己擅長的事，無論遇到任何考驗和磨難，都可以高枕無憂，無畏無懼地向前走去。

成語故事，大半成形在春秋、戰國和三國時期。在這些故事裡，嶄露出一般人很難做到的心志、毅力，以及建立在愛和信任的人際互動，最後才變成崇高典範，讓人尊敬，也讓人學習。

對於傳奇的感動，常常成爲我們在眞實生活裡嚮往的標準。比如說，我們會不斷宣揚，遠在兩千四百年前，有位明星講師叫做孟子，常年四處趕場，講授仁民愛人的「王者之道」，當然，那個世界，基本上還是不太仁愛，人民戰戰兢兢，才會被後世稱爲「戰國時代」，貴族爲了擴張勢力，常常建立「以工換宿」的國際旅館，歡迎全天下有才華、有本事的英雄人物，一起來交換專長。

其中，有一位孟嘗君，收集到很多有趣又有意思的「特殊專才」。有人會鑽狗洞，偷出稀世白狐大衣替老闆爭取「外交盟友」；有人學雞叫，提早開城門讓老闆逃離邊界；更厲害的人，把老闆的一大堆借據全部燒掉，自稱爲老闆買「義」，這下子，再開明的老闆都生氣了，但也沒辦法，這些國際人才交流的「才藝競賽」，都得靠老闆買單啊！

這場不受歡迎的「買義表演」，直到老闆孟嘗君被大老闆無故開除後，回到老家，看到家鄉父母爭相排隊來探望他、支持他、照顧他，終於讓他看到，原來，「義」就在這裡。這下子，「買義專家」馮諼就出名了，從此成爲公關負責人，開始爲孟嘗君籌建比現代FBI「安全屋」還要更可靠的「防護罩」。薛地買義；魏國買相；最後又請動齊王賜祭器在薛邑建宗廟，等於蓋了一座總統府分館，要是孟嘗君落難了，國家就得傾全力救護，這時，馮諼才安心回報：「三個避難兔子洞都挖好了，大家可以墊高枕頭，快樂地睡大頭覺啦！」

因爲馮諼的「狡兔三窟」，孟嘗君才能在齊國當了幾十年行政院長，「高枕爲樂」，享受著亂世中難得的安穩幸福。這種際遇，簡直像「樂透頭獎」，稀有，珍貴，還要幾分靠好運氣，讓全天下的小老闆、中老闆、大老闆們非常羨慕，恨不得也有個這樣厲害的幕僚，過一過高枕無憂的好日子。

能夠提升到「樂透頭獎」等級的高階幹部，不容易遇到，偏偏就讓董卓得到了。這可不是偶然，他不是一開始就變成「壞人」，只是從西涼邊疆擠進繁華都城，過去那種率眞勇武的豪情，墮落成名利權勢的掠奪，爲了檢視自己的影響力，召集群臣，在皇帝的御花園討論廢帝另立，這時，禁軍統領丁原，依賴著乾兒子呂布的神威，始終和董卓對立。

董卓耗盡心思，在謀臣李儒引薦下，找了李肅，帶著驚人的財富和赤兔馬，藉由和呂布同鄉這層關係，說服他殺了丁原去投靠董卓。丁原短短的出場，像手電筒聚光，指向呂布，照亮《三國演義》前二十回裡這個最鮮明的角色，也凸顯出人性如何扭曲成貪婪。

羅貫中先鋪陳呂布的部屬華雄，斬殺十八路聯軍如攤開袋子拿個東西，後來也變成成語，就叫做「探囊取物」。他砍頭如割雞，強調「割雞不用牛刀」，像層層設色地烘托、醞釀，同時也渲染著呂布這把「牛刀」上場的氣勢；這時，又轉出一位當時沒人認得的紅臉漢子，靠曹操為他講點交情，才上得了檯面去廝殺，曹操端了杯熱酒過來，他卻淡淡說：「沒關係，等我回來，酒還來不及冷。」

果然，他一衝出去，啪！華雄的頭就斷了，酒還沒冷呢！那氣勢，一下子打響了「關羽」的知名度。這時，緊繃的氣氛炒熱了，總算引出呂布站上戰場，神威凜冽地和劉關張聯手的車輪戰打成平手，可以說，華雄是關羽的預告片，劉關張又成為呂布的預告片。

這種廣告手法，豪華地襯出呂布「天下第一」的英雄形象。可惜的是，呂布不用頭腦，在信念的選擇上幾經反覆，無論他武藝何等高超，終究成不了真正的英雄；董卓是習慣殺伐征戰的大軍閥，更沒有多少機會可以動頭腦，幸好，他懂得尊重許多有頭腦的幕僚，讓他的衰敗，比預想中又多撐得久一點。

和董卓、呂布比起來，會打仗、又很會用頭腦的代表人物，前有曹操、中有司馬懿、後有陸遜。曹操知人善任，身邊的文臣武將，各擅其職，很快掙脫艱難局限，打出輝煌天下；陸遜出身吳郡氏族，世代出將入相，擔任吳國大都督、上大將軍、丞相，一路都深受重用；只有司馬懿，一生勞心費力，事必躬親，既缺少親密幕僚，更不願輕信別人，這就注定他的「勞碌命」，對內得和曹操、曹丕周旋，對外又經年和諸葛亮、姜維對峙，搞得膽戰心驚，光看到諸葛亮木刻像加上軍旗，都讓他驚惶撤退。

這就是老闆太能幹的悲劇，怕碰上「豬一樣的隊友」，所以不敢放手，當然不可能培養出可靠能幹的幕僚。當司馬懿好不容易確定了諸葛亮死訊，終於等到「神一樣的對手」自己出狀況了，總算，可以鬆一口氣，大嚷高枕無憂，讓自己過幾年舒心日子啦！

2 沉魚落雁；閉月羞花

【典故】《莊子．齊物論》：「毛嬙、麗姬，人之所美也；魚見之深入，鳥見之高飛，麋鹿見之決驟，四者孰知天下之正色哉？」

宋之問〈浣紗篇〉：「鳥驚入松蘿，魚畏沉荷花。」

李白〈西施詩〉：「秀色掩今古，荷花羞玉顏。」

【思索】透過中國四大美人的形象，確立美的極致，同時也向智慧和勇氣致敬。春秋末期的西施，在水邊洗衣時，水中游魚看見她的美麗倒影，一時忘了游水，竟然沉到水底；西漢王昭君和親時的琵琶聲音悲哀而急切，連孤寒的大雁都感傷落下；三國的貂蟬拜月，在黑夜裡尋找亮光，讓月亮都憐惜；楊玉環揹負著大唐由盛轉衰的原罪，美得連花都傷痛。

【運用】拔河隊的同學們，不想沉魚落雁，更不需要閉月羞花，只打算牢牢握住希望的繩子，拚盡力氣，擁抱勝利，讓臺灣之光被全世界看見。

聽過「莊子」的名字嗎？和孟子一樣，如果活到現在，他也兩千四百歲了。但是，和孟子不一樣的是，他不會爲了推廣理念巡迴各國當超級講師；到了現代，應該也不會接受我們的邀請，安排他做什麼仙翁模特兒或養老院院長。

他有個性，又有學問，嚮往自由自在，穿梭在天地之間，「唱反調」就是他最專長又最熱衷的職業，並且寫了篇很有名的「唱反調論文」〈齊物論〉，打破一般規則，大和小、有用和沒用、瞬間和永恆……，讓對立的觀念不斷交換、平衡。如果那個時代出現文學獎甄選，絕對是劃時代的首獎決審作品。就拿美和醜來看，當人們都認爲毛嬙和麗姬眞美時，莊子卻說，水裡的魚、天上的鳥、陸上的麋鹿可不這麼想，牠們自由自在地嬉戲、高飛、奔跑，陸海空的世界多麼寬闊，更顯出人的世界這麼狹窄。

知道毛嬙和麗姬是誰嗎？毛嬙的名字時代久遠，無從調查，大概就是越王心愛的一位姓毛的皇妃，因爲，「嬙」就是古代後宮封號，常看電視劇的人一定會注意到常常出現的「妃」和「嬪」，如果要比個高下，妃和嬙的地位，高過嬪；「姬」也是古代對美女的尊稱，麗姬無庸置疑，絕對是美麗中的美麗，據說，麗姬就是驪姬，不過，她的名聲不太好，憑著美色干預朝政，挑撥晉獻公與兒子的感情，迫使申生自殺，重耳、夷吾逃亡，改立親生兒子奚齊爲太子。

華人習慣把朝代的崩壞都怪給美女，紂王很壞，是妲己禍水，幽王不好，是褒姒的錯；晉公可惡，當然也都是因爲驪姬作亂囉！這讓驪姬在講究「仁義」傳統的選美標準中，很快被踢出美人榜。後來，鼎鼎大名的管仲，在〈小稱〉這篇論文中，借用「就算是毛嬙、西施這樣的大美人，只要怒容滿面，根本就美不起來了」作例子，說明正確評價自己的重要，大家就把「麗姬」這頂選美后冠，轉戴在西施頭上，毛嬙和西施，一起成爲「沉魚」的形象大使。

在謀生艱難的部落年代，無論是童話故事或眞實人生，女孩子都得靠美麗才能過著幸福快樂的日子。毛嬙就是這樣，一輩子當個越王寵妃，無憂無慮；西施卻不一樣，她接受間諜培訓，離鄉背井，助越滅吳，讓美麗從「空虛外殼」的負面評價，變成「智慧和勇氣」的正向肯定，讓唐代詩人宋之問翻轉莊子「打破美和醜」的原始含意，寫〈浣紗篇〉來歌詠西施：「鳥驚入松蘿，魚畏沉荷花。」沉魚、落雁也跟著從黑翻紅，變成美人極致的形容。

西施的存在感，越來越強大，蓋過毛嬙的光采；到了西漢，出了個同樣堅忍卓絕的王昭君，小名也叫做「嬙」，毛嬙受同名之累，慢慢就被遺忘了。後來，比管仲更要大名鼎鼎的李白，又寫了〈西施詩〉擠進美人榜湊熱鬧：「秀色掩今古，荷花羞玉顏」，這一來，沉魚、落雁、羞花，全都讓這些天真的詩人，提早為西施登記「商標專利」啦！

後世的傳奇小說和戲曲雜劇作家，比較務實，為了增加創作素材，開始限制「專利配額」，把「沉魚」留給河邊洗衣的西施；為「落雁」設計出荒涼大漠中的王昭君，和親匈奴，奏起寂寥悲切的離別曲，讓南飛的大雁忘了振翅飛翔；又以「羞花」創造出楊玉環傳奇，當她在繁花盛開時流淚感慨，摸了花，花瓣就凋萎了，碰了含羞草，含羞草立刻合起葉子，百分之百符合童話原則，眼淚藏著魔法。

有了花，文學家接著就要安排「月」出場，花和月，自古都是極端美麗的雙胞胎。曹植曾經在〈洛神賦〉用洛神現形來比喻他愛戀的嫂子甄宓：「彷彿兮若轉雲之蔽月」；《三國演義》同樣也精心描寫貂蟬在花園拜月時，浮雲遮住明月，剛好為準備施展美人計的王允，提供大作文宣廣告的材料：「貂蟬比月亮還要美，月亮比不過她，趕緊躲到雲彩後面去了。」

這個憑空杜撰出來的小說人物，光是「貂蟬」這個名字，就充滿了豐富暗示。「貂」是貂尾，「蟬」是附蟬，秦始皇時代規定，文臣的帽子和武將的頭盔，都要縫上貂尾；還得用白玉或金箔做成小蟬縫在頭頂，合稱「貂蟬」，希望他們能像貂一樣聰明、像蟬一樣高潔，不要沾染世俗，可以站在高枝上簡單度日。對照王允的恐怖計畫，讓純真少女周旋在權傾一時的董卓和武功蓋世的呂布之間，連環色計，好讓呂布殺了董卓，這種高難度挑戰，沒有貂一樣的智計、蟬一樣的無求無悔，怎麼可能做得到呢？貂蟬就這樣憑著智慧和勇氣，打敗甄宓，坐穩「閉月」寶座，和西施、王昭君、楊玉環這些真實的歷史人物，一起擠進「四大美人」排行榜。

當「瑯琊榜首，江左梅郎」的廣告聲勢，把氣氛搞得熱騰騰時，以隱忍反間起家的西施，卻一點也不怕被比下去。她既是眞實人物，又環繞著各種幻想故事，東施效顰、鄭旦競寵、特務培訓、進京賣相、響屐舞廊、句踐復國、西子沉江、珍珠化身、范蠡泛舟……，還有沉江後化爲沙蛤「西施舌」，等著盡訴冤情的地方傳說，婉約的風情裡，藏著越來越深邃的同情和想像，一向穩坐美人榜首，爲「美麗」新添了更多深刻的意義。

3 不由分說

【典故】《三國演義》第十三回：李傕隨後掩殺，郭汜兵退，車駕冒險出城，不由分說，竟擁到李傕營中。

【思索】不願給人一個分辯、解釋的機會，很可能會做錯判斷。希望我們都能學會，用「理直氣和」替代「理直氣壯」，去面對每一個不同想法的人。

【運用】小時候，只要媽媽晚一點來接我，我常常不由分說地大吵大鬧，現在長大了，發現媽媽眞的好辛苦，後悔也來不及，只能努力幫忙，盡可能讓她輕鬆一點。

《三國演義》從桃花開始寫起，薄薄的桃花，那麼脆弱，又顯得那麼輝煌。桃園三結義，開展出漫長的一百二十回的生死撞擊，藏著熱血和渴望、烈愛和死亡，讓我們對這近百年時光，留下無限遺憾，並且在群豪競逐的英雄舞臺中，看見各種生命典範的絕美。

張角的黃巾起事（一八四年），爲英雄崛起和軍閥割據，搭出合理的決戰場景；何進和十常侍在皇宮的對立，扭曲成荒腔走板的鬧劇（一八九年），成爲強烈的配樂；再凸顯出衆人反對的雜訊，襯出董卓入京的劇力萬鈞。

董卓精猛多謀，曾經征討羌、胡，轉戰四方，只要得到絲絹封賞，都和部屬分享，吸引了很強的忠誠親信，形成強勢團隊。他的部將等級，和呂布、孫堅、公孫瓚不相上下，實力驚人，可說是東漢最精銳的部隊，即使面對上司張溫、皇甫嵩，也顯得氣焰囂張，所以，孫堅勸張溫殺董卓；皇甫酈也勸皇甫嵩殺董卓；曹操一聽到董卓的名字就預言這是一場禍害，只有高富帥袁紹少爺，自以爲袁家四世三公，董卓再怎麼武力強盛，入京也不過是袁氏門生，把這個人人防之不及的恐怖軍團，當作政治角力的口袋名單，硬是塞給何進。

亂世謀國，決戰於見識最初，這是袁紹和曹操第一次「同臺較勁」。事實證明，董卓進京後，迅速擴張勢力，接收皇甫嵩和中央兵權；讓呂布殺了丁原，丁原是執金吾，古代宮廷禁軍，等於奪取了控制京城的禁軍管制；唯一可以相互抗衡的名將孫堅，兵力單薄，聰明地轉戰江東。

董卓接收了軍隊，擺明「武力抗爭」沒了指望，書生們就在暗地裡繼續進行「特務謀略」。司徒王允送寶刀讓曹操去刺殺董卓，暗殺失敗，曹操急中生智，假稱寶刀要贈董卓，而後盡速逃亡，這種因應環境求生轉彎的速度，展現出他在亂世中求生的潛力；暗殺失敗後，王允又布下美人計，讓貂蟬冒著生命危險，成功策反呂布，在受禪臺刺殺董卓（一九二年）。

在國家百廢待興的重要時刻，王允執意殺害名士蔡邕，追殺董卓餘黨，導致諸將反撲，亂局如火燃燒，不僅整個家族被處死，董卓餘黨中的最大派系李傕，接任大司馬，第二大派系郭汜，自命為大將軍。他們燒殺搶掠，肆無忌憚地掠奪，比董卓更恐怖。皇帝又急又氣，想不出辦法，只能哭哭啼啼。身體裡裝滿「忠誠愛國」家族基因的楊彪，世代都在行政院擔任高階主管，很快獻計：「郭汜的太太很愛吃醋，我們只要設計離間，讓她懷疑自己的先生和李傕的太太在鬧婚外情，這樣，他們一定會鬧翻。」

小皇帝不哭了，寫好「密詔」交給楊彪。想像一下，楊彪這時五十歲了，彎下腰，爲未滿十二歲的小皇帝，解說如何製造「愛情矛盾」，讓兩個「阿姨」因爲吃醋而相互陷害，接著「擬詔」，像「專業祕書」般爲小皇帝代寫功課，寫好了交給小皇帝，小皇帝再隆重地把這個「間諜祕密任務」，頒發給楊彪，隨著這一幕又一幕的「分鏡畫面」，降低了這場密謀裡的驚悚緊張，反而洋溢著卡通影片般的趣味。

接下來的劇情發展，更加「卡通影片」了。楊彪讓自己的太太向郭太太「告密」，引誘郭太太胡思亂想，爲什麼郭汜總要到李傕家徹夜不歸？是不是因爲李太太更漂亮？她越想越氣憤，想辦法阻止郭汜參加李傕辦的宴會，又在李傕送給郭汜的酒食裡下毒，當郭汜到李傕家飲酒後，可能因爲深夜吹到風引發不舒服，郭太太硬是強調他中毒了，還灌糞汁逼他吐出來，一邊得意洋洋地邀功：「這可好啦！幸好我救了你。」

出身盜馬賊的郭汜，人不舒服，又被灌糞，簡直快氣瘋了，還有時間好好思考嗎？當然就在太太這個超級啦啦隊瘋狂加油下，很快祕密舉兵。問題是，李傕早就得到密報，不但整軍和郭汜對決，還順便綁架皇帝、皇后一起出城。這時，郭汜追在後面，逃難的人不由分說地擠進李傕營中，湊成一個龐大混亂的「自願被綁架集團」，人數越滾越多，越逃越艱難，以至於最後要橫越黃河時，因爲只有一條小船，李樂將軍殺光那些強拉船纜想要上船的人，幸運地扳住船板，以爲有機會逃過一死的人，全被切斷了手指掉進水裡，這場熱鬧的卡通影片，竟然都變調成悽慘的悲劇片。

養尊處優的皇室，從來不曾這樣淒慘過。住在沒有門的茅屋裡，四周圍著荊棘擋風；販夫走卒都來討官，總共分封了兩百多個大、小官職，來不及做官印，隨便拿個刀刻畫一下充數；沒米煮粥，想要點食物就被軍閥辱罵；好不容易逃啊逃的，逃回洛陽，到處頹牆壞壁，荒草連天，人們沒有食物，只能剝樹皮維生，尙書郎以下都得出城砍柴掘糧，累死、餓死的官員，不計其數。

當曹操派各路將軍帶著二十幾萬大軍，分別從不同方向齊聚前來保駕時，驚人的軍威，震退殘軍餘勇，還領著小皇帝遷到許都，擴建宮室殿宇，設立宗廟社稷，維修城郭府庫，提供錢糧民物。終於結束「苦兒流浪記」的小皇帝，心裡開心極了！沒想到，曹操安置好皇室後，自封大將軍，文臣武將，集體封官高升，投靠曹操，等於加入超級興旺的「高等就業中心」，幕僚集團像聚寶盆一樣，吸納了天下人才，「挾天子而令諸侯」的曹操，成爲最大贏家。

高興沒幾天的小皇帝，開始愁眉苦臉。新的煩惱又出現了！從此，朝廷大事，國家的賞官罰罪，全都「曹操說了算！」

很快，曹操就要以許都爲中心，開始跨向「爭霸天下」的華麗旅程。

4 轅門射戟

【典故】《三國演義》第十六回：呂奉先射戟轅門，曹孟德敗師淯水。

【思索】解救危難，為別人的爭執出面談和，做公允的裁決和勸解，是一件很有意義的事，當然也很不容易，不但要有公正的信念，更重要的，還要有讓人信服的實力。

【運用】和最好的死黨吵架後，我們都很想念對方，只是怕沒面子，誰都不想先低頭，要是有人願意轅門射戟，讓我們有機會和解，不知道多好呢！

讀一百二十回的《三國演義》，難嗎？如果分成六段，整體理解，像大廚宴客一樣，分段分章上菜，讀起來很有樂趣，自然就變簡單。

從劇情看，前二十回，第一道上菜，從董卓到呂布，把戰亂背景交代得簡單又清楚；到了第二道，二十到四十回，由曹操掛頭牌，橫掃北方勢力，像串粽子似的，輪番介紹袁紹、公孫瓚、關羽、趙雲……，本來就習慣「千山獨行」的孫堅，也順利在江東作好建國準備；四十到六十回的第三道菜，換個花樣，年輕人接棒上場，看諸葛亮攪動赤壁大戰；六十到八十回這第四道菜，連口味都變了，從黃河、長江的水景，轉向西蜀，在四面環山的「安全屋」確立山頭；到了八十到一百回，夷陵大戰後，這第五道菜上桌，蜀國總算從劉備手上輪到「諸葛亮說了算」，終於有點國強民安的基礎；可惜，諸葛亮壽命不長，一百回以後，算是濾掛式「諸葛咖啡」的第二泡，努力散發著神機妙算的香味，喝起來，味道還是淡淡的。

從擔綱主角來看，呂布是率先上場的六分之一男主角；曹操接棒主演接下來的兩段，占三分之一；諸葛亮出現在全書關鍵主軸，戲分獨占一半，算是眞正的男主角。劉關張的正義主題曲，搭配孫堅、孫策、孫權在江東的接力演出，原來是作者心目中不可或缺的男配角，卻讓一個個性堅毅又充滿信念的小人物趙雲，不必靠什麼量身打造的大戲，一路搶盡鋒頭。

戲分很多的劉備，對照戲分少卻很搶眼的呂布，有一種奇特的呼應關係。他們都是小人物，被龐大、腐朽的威權高塔，壓在貧窮邊緣，劉備走「天生基因」路線，宣稱有皇家血統，但在這末世之中，就算是皇家血統，人數也膨脹到不可勝數，即使帶著「皇叔通行證」，還是倉皇流離，居無定所，但是，他始終堅持要自己「創業」，就算是小老闆也沒關係；呂布相反，他走的是大剌剌「個人實力」路線，從丁原、董卓，誰都視他為最有貢獻的「模範員工」，但是他胸無大志，只要日子過得好，不在乎替人打工。

這兩個背景、個性，甚至人物形象都截然不同的角色，被羅貫中刻意放在天平兩端，你來我往，我上你下，輪番據守「徐州」和「小沛」。兩個小城，就像兩個人的命運，既有「兄弟之義」的表裡籌謀，也有「末世之利」的相互競爭。當劉備從「徐州」被呂布擠到「小沛」後，儼然成為袁術眼中很好下手的「軟柿子」，袁術擠不進北方大戰的「首輪先發」，至少也得搶在黃河以南，製造爭霸天下的聲勢，所以「遠交近攻」，一邊派大將紀靈率十萬大軍攻打劉備，一邊送糧草大禮給盤旋在徐州的呂布，寫信密商，請他按兵不動。

這時，劉備也知道兵力不足，以「脣亡齒寒」的理由，寫信向呂布求救。呂布陷入兩難。心裡反覆盤算著，如果不救劉備，袁術打了勝仗後，下一個倒楣的，當然是直接暴露在戰線之前的徐州；如果出兵救了劉備，勢力龐大的袁術必定會遷怒，將來日子也不好過。

到底該怎麼做，才能兩邊都不得罪，既兼顧雙方面子，又可以保住現有的安穩日子呢？他想了想，決定設宴邀請劉備和紀靈，全力勸說：「看在我的面子上，你們不要打了。」

劉備本來就不想打，可是紀靈帶大軍千里迢迢趕來，哪裡肯答應？呂布就在和樂融融的酒宴上，吩咐屬下把他專用的畫戟拿出來。大家嚇了一跳，「戟」這種格鬥用的冷兵器，握桿一端裝著金屬槍尖，桿側附加月牙形利刃，通過兩枚小枝與槍尖相連，分成單耳、雙耳兩種，單耳叫做青龍戟，雙耳叫做方天戟，巧妙地結合「矛」和「戈」的功能，可刺、可砍，千變萬化，呂布拿在手上，眞是神鬼莫測，每個人都很擔心，不知道會發生什麼禍端？

「別怕，今天勸大家別打，怎麼可能我自己先打起來？」呂布笑了笑，指了指轅門外說：「你們看，轅門外一百五十步的地方，多遠啊！我把畫戟插在那裡，再射一箭，如果不中，這仗要不要繼續打，我就不管了；如果一箭射中戟尖，我看，這太難了，沒有幾分好運氣，絕對做不到。既然大家都不肯退一步，乾脆交給天意決定好了，怎麼樣？」

紀靈和劉備都是武將，不但能打善戰，對於當代名將的「戰鬥值」，多少也都做了些研究。他們瞇起眼睛，看著遠遠閃著亮光的戟尖，自問沒辦法射得中，顯然真的需要靠運氣，就這麼接受「天意的安排」。沒想到，呂布向大家敬了杯酒，張弓，搭箭，拉弦，輕鬆一放手，只聽「嗖」一聲，那箭不偏不倚，力透戟尖。在場的人喝彩後無不大驚，這種神技，誰敢和他對抗呢？呂布反而笑著說：「看來，老天也不願意看你們打仗啊！」

就這樣，呂布以精湛箭法平息了這場廝殺。後來，曹操聲勢壯大，呂布打不過，決定跳槽到曹家公司，繼續競選曹營「最有價值員工」，沒想到，劉備一句：「你忘了丁原、董卓怎麼死的嗎？」立刻挑起曹操的殺意。呂布聽了，怒聲大嚷：「大耳兒，你忘了轅門射戟啦？」

「呂布！別像個小人般婆婆媽媽了。」綁在呂布身邊，一樣面臨處死的張遼，看不起貪生怕死的這種老闆，暗嘆自己以前爲什麼還把他當個英雄，這時就不耐煩地斥責：「死就死，怕什麼？」

這種凜然不可侵犯的勇氣，引起曹操注意。呂布跳槽失敗，終究還是死了。一向被前老闆呂布的威名蓋住的張遼，在曹操高薪高官高階禮聘下跳槽，開展出屬於他自己的輝煌傳奇。

「轅門射戟」這個成語，成了呂布英雄舞臺的墓誌銘。

在我們靜靜閱讀呂布時，彷彿也聽見了，華雄之死，奏出呂布的英雄序章；張遼之活，則是對英雄殞落時充滿譏諷的安魂曲。

袁紹和曹操

是非成敗轉頭空

1. 仰人鼻息
2. 堅壁清野
3. 乘虛而入；不出所料
4. 兵貴神速

1 仰人鼻息

【典故】《三國志．魏書六．董二袁劉傳第六》：袁紹孤客窮軍，仰我鼻息，譬如嬰兒在股掌之上。

【思索】依賴別人，才能呼吸，處處受制於人，怎麼可能活出獨立自主的人生？

【運用】很多人都說，我們是媽寶世代，其實，我們也希望得到磨練，學會自己解決問題，才不會在長大以後，處處仰人鼻息，那樣多不自由啊！

三國時代，「函谷關」以東，被視爲文化深厚、經濟生活比較寬裕的「已開發世界」，關東諸侯自然比關西軍閥多出許多名望和聲勢。來自西涼、并州這種艱困山區的董卓，無論軍隊實力如何驚天撼地，始終被視爲文化尙待開發的「蠻荒野人」，征討董卓的關東聯軍，潛意識裡難免都藏著這種文化優越感。

關東諸侯反董卓的隊伍中，韓馥統領冀州，「冀」就是希望，黃淮平原最豐饒的經濟核心，不僅物資豐沛，而且人才濟濟，文有沮授這種高智商智囊團，武則有張郃這樣的書生戰將。就在董卓「垮臺」前一年（一九一年），韓馥和袁紹主導關東聯盟，聯手提案，表示獻帝年幼，遠在長安受董卓控制，目前生死不知，還不如另立皇室中最能幹的劉虞做新皇帝，沒想到，不但曹操、袁術反對，一向善良溫厚的劉虞，更是堅決拒絕，他們只好放棄這個構想。

隨著和董卓的長期對峙，袁紹負責對外公關和整合，迅速累積起聲望；韓馥提供後勤，忌恨袁紹發展，怕他回過頭對付自己，經常減扣軍糧，動搖軍心，兩個人的合作慢慢崩裂，漸行漸遠。當董卓西進函谷關後，駐紮在延津的袁紹，飄零無依，幕僚逢紀提醒他，不能站穩一個州作根據地，就不可能做大事業。他們決定謀奪冀州，約公孫瓚率軍南下，製造外力壓迫，暗中又派荀諶施展反間計，假裝站在韓馥立場盤算：「袁紹是當代豪傑，公孫瓚銳不可擋，如果兩軍隊會師合攻，冀州立刻危亡，不如先讓出冀州，把眼前的危機丟給袁紹想辦法，既受天下尊敬，又可以保住穩固地位。」

這種「陽謀」，韓馥竟然同意了。在《三國志》原典，這個決定，簡直撼動了整個冀州上下文武幕僚，人人膽戰心驚：

> 馥長史耿武、別駕閔純、治中李歷諫馥曰：「冀州雖鄙，帶甲百萬，穀支十年。袁紹孤客窮軍，仰我鼻息，譬如嬰兒在股掌之上，絕其哺乳，立可餓殺。奈何乃欲以州與之？」
>
> 從事趙浮、程奐請以兵拒之，馥又不聽，乃讓紹。

「長史」、「別駕」是分別獨立的幕僚長；「治中」是負責地方庶務的中級官員；「從事」後來改名叫「參軍」，類似於現代的參謀總長，專精於軍政，握有對軍隊的發言權。也就是說，耿武和閔純領著不同的幕僚集團，根據情報蒐集，從不同的觀點彙整出研究理論；加上來自李歷的地方基層觀察，全都指出，袁紹只有「好看的家世」和「好聽的名聲」，禁不起考驗，從十八路英雄伐董卓到袁紹崛起，這一路財富和人力補給，都靠韓馥撐腰；握有軍隊實力的趙浮、程奐，率領一萬精兵，從駐地孟津飛速趕回，請求對抗袁紹。

這些文武幕僚很有見識，也算得上有志氣，可惜，韓馥不聽，堅持把這塊爭霸天下時最富庶又最讓人垂涎的「肥肉」，免費送給袁紹，連沮授和張郃這些珍貴人才，也隨著「公司轉型」，被舊老闆一起轉換給袁紹啦！這是不是很奇怪呢？我們活在現代，生活平等，資訊開放，「力拚到底，王者稱霸」的野心，就像電玩過關，「Game Over」又怎樣？大不了再來一次！可是，我們要讀古書，就要換一種思考方向，了解古人到底怎麼想，才能讀出滋味。

古代人讀書，有一種超越「價格」的「頂級價值」。在士農工商不同職別裡，排在第一名的「士」，就是最好的報酬，提供尊貴的社會地位，以及隨之而來做官、出名、光宗耀祖的各種機會。在「讀書人至上」的時代，「出名」比「賺錢」重要太多了，大家講究的賢愚、義利、尊卑這些觀念，都和現代人不太一樣。世界首富上不了檯面，但是，視富貴名利如浮雲，可以棄位讓賢的人，被視為驚天動地的大成就，所以，無論大禹治水的行政長才，為人民帶來多少幸福，他就比不上舜、比不上堯，因爲，藏在讀書人心中有一個「祕密魔咒」：「讓賢」才是了不起的偉大功業啊！

接下來，我們要繼續研究，韓馥確實「讓」了，可是，袁紹眞的「賢」嗎？

袁紹當上冀州長官後，送給韓馥一張「奮威將軍」空頭支票，沒有幕僚，更沒有軍隊。袁紹的手下朱漢，本來就不滿韓馥，又察覺到這兩個人貌合神離，藉故派兵包圍韓馥家，破門抓了韓馥長子，亂棍打斷雙腿，給他來個下馬威。袁紹雖然殺了朱漢表示歉意，韓馥卻深知「一個天上，不能有兩個太陽」，很快離開冀州去投奔張邈。

韓馥客居張邈府中，生活還是充滿不安。有一天，他看見袁紹派使者在張邈耳邊說悄悄話，無論他們在密謀什麼，他不願再仰人鼻息，藉口上廁所，用一種非常奇特的工具刀自殺了。

要不要先猜一猜，什麼工具刀自殺，會讓人覺得印象特別深刻？現代人的美工刀、超級小刀都太小了，自殺效率當然不高；古代人威風凜凜的單刀、雙刀，爲了襯出英雄蓋世，好像又大到只能殺人、不能自殺。所以，自殺刀不能太大、不能太小，還得非常鋒利，韓馥像每一個讀書人的傳統，嚮往歷史定位，他的讓賢，迫使他從「制人鼻息」到「仰人鼻息」，光想起歷史會怎麼看他呢？他就毛骨悚然，此時回顧，當年如果據城一戰，就算戰敗，還是大丈夫英雄本色，絕不至於異鄉漂泊，仿如孤魂野鬼。

最後，韓馥選擇「書刀」，一種刮削木簡藉以記錄歷史的工具刀，用鮮血為自己寫下人生絕筆。

2 堅壁清野

【典故】《三國志・魏書・荀彧傳》：今東方皆已收麥，必堅壁清野以待將軍，將軍攻之不拔，略之無獲，不出十日，則十萬之眾未戰而自困耳。

【思索】面對強勢敵人，只要能加固城防，收盡原野上所有的糧食，守穩自己；敵人攻不下據點，又搶不到物資，再強大的力量也有消餒的時候。這是一種獨立的作戰方式，也是人生中面對艱難仍能繼續的堅定信念。

【運用】大考之前，我決心堅壁清野，收起所有充滿引誘的零食、遊戲和閒書，專心埋進課本裡，用決心和行動，迎向更好的未來。

董卓結束外戚和宦官的「權力競賽」後，朝廷裡外，出現任何和他不一樣的意見，他就動怒。即使以優渥的家世和才貌名動天下的袁紹，一不高興，也會被他罵成「豎子」，這是古代罵人最有名的專用名詞。范增謀畫在鴻門宴上殺了劉邦，死要面子的項羽下不了手，氣憤不已的范增，對著身材高大的項羽，還是只能罵了聲：「豎子！」意思就是笨蛋，簡直和小朋友差不多，沒頭腦，可見，古代人沒有太多罵人技巧，更缺少「兒童人權」觀念。

但是，這種罵法，還是讓袁紹大受刺激，決定背叛董卓，逃往冀州。這時，效忠袁紹的人，爲他向董卓說情：「袁家啊！四世高官，掌握行政權限，樹恩無數，門生派系遍及天下，如果貿然抓他，人心不服，天下動盪，不如給他做官，禮遇他，比和他對立好多了。」

董卓果然封官給袁紹。他雖然接受官位，還是起兵和董卓對抗。這時，曹操只是袁紹的跟班兄弟，不成氣候，遠不如公孫瓚、黑山軍張燕和他的異母弟弟袁術那樣聲勢浩大，只能配合袁紹出兵，追擊袁術、公孫瓚和陶謙的聯軍，把袁術逼向淮南、讓公孫瓚北退幽州。那時候的袁紹，怎麼也想不到，短短三年，在他和曹操之間，會發生那麼驚人的逆轉，官渡對決後，不得不讓出舞臺，看曹操獨霸北方。

曹操先在兗州異軍突起，採取武裝鎮壓和友善誘降，迫使三十萬青州黃巾軍投降。就在他進擊徐州時，兗州豪強張邈趁機勾結呂布，占領濮陽，兗州只剩下三座城池仍然堅守。荀彧留守鄄城，親自出城說服攻城將領，與程昱、夏侯惇力保三城，等待曹操回來。

這時，徐州守將陶謙病死前，盛情演出「讓賢」大戲，把徐州讓給劉備。曹操一聽，更是心急，決定先奪取徐州，再回來消滅呂布。也許，這一次的衝動決定，會改寫曹操的歷史，幸好，荀彧趕來，爲曹操來不及深思的「衝衝衝」，緊急踩了煞車。

荀彧從歷史的脈絡開始解說，漢高祖劉邦爭奪天下，先保關中；光武皇帝劉秀平定天下時，也得占據河內，只有深耕固本，才能爭霸天下。同樣地，兗州是起點，可以爲大家保存所有力量，至於徐州，根據情報收集，他們已經組織人力，加緊搶割城外的麥子運進城去，接著必然加固防禦工事，如果現在急攻徐州，遇到加固的城牆，攻城不順，周邊所有的糧食又被一掃而空，補給不易，不出十天，定然一塌糊塗。曹操一聽，確實很有道理，立刻取消攻打徐州計畫，專心與呂布對決，在打敗呂布後收復兗州，開始專心打造根據地。

人生在每一個轉彎時刻，常常只是「命運偶然」，但這一個又一個偶然，多半都建立在「性格的必然」上。曹操起家，得之於他信任荀彧。初到兗州，曹操招賢納士時，荀彧就帶著年紀比他還大的姪子荀攸，從袁紹陣營「跳槽」而來，曹操非常高興，在那個極端重視形象的時代裡，世人常以「瑰奇偉美」來形容年輕俊秀的荀彧，傳說，他在應酬時都戴著獨特的香囊，一直到離開以後，散發的香氣還可以纏繞三天，這樣驚人的美形男，卻又帶著豐沛的見識和獨特的謀略，曹操和他越談越投機，忍不住大讚：「這簡直是我的張良啊！」

知道張良是誰嗎？就是那個靠智謀打敗項羽，把處在劣勢的劉邦送進皇城的超級天才。荀彧也是這樣，幾乎就是曹操集團最珍貴的「腦」，擅長評價人物，嫻熟占卜術數，了解袁紹手下謀士將領的優缺點，通過他的舉薦，程昱、郭嘉，在曹操身邊分別寫出不同的人生傳奇。

西元一九五年，小皇帝在楊奉等人的護衛下，倉皇逃難。這時，沮授提醒袁紹，盡快接回皇帝，在洛陽重建皇室宗廟，轉至鄴城建都，挾天子以令諸侯，蓄兵馬以討不臣。袁紹嘉許他的忠心耿耿，又把送給韓馥的空頭支票「奮威將軍」，轉送給他，讓他監護諸將，卻沒有眞正把對人才的欣賞，化為爭霸天下的行動；沮授勸了又勸，直說如果不先下手，一定會有人搶在前頭，只是，袁紹和韓馥一樣，沒有足夠的智慧採納正確的決定，還是辜負了沮授。

當荀彧提出相同建議時，曹操卻毫不猶豫地抓住這個機會，迅速執行，更透過從袁紹陣營跳槽而來的董昭詳加安排，討好天子近臣楊奉，封爵曹操，遷都許昌，從此在洛陽、長安的舊勢力之外，打開一片別人想像不到的新格局。

和董昭的權謀不同，荀彧是綜合型天才，精熟於軍事、內政、戰略，參與規劃多場戰役，爲曹操應對大局變化。曹操擔心呂布投靠劉備後，使劉備強大到無從控制，荀彧提出「二虎競食」之計，藉徐州詔命挑撥劉備與呂布，讓他們相互殘殺猜忌；又提出「驅虎吞狼」之計，同時發密函給袁術、劉備，誘導呂布攻取徐州；曹操幾次討伐張繡、呂布、袁紹、荊州、江東，他總是忠誠可靠地留守許都，照顧獻帝，也爲攻略天下籌謀糧草支援。

隨著曹操勢力越來越大，野心慢慢擴張。年輕時和荀彧有志一同地規劃迎接小皇帝的董昭，在小皇帝長大以後，並沒有任何「還政於君」的打算，反而更熱衷和曹操一起醞釀「升級魏公」的擴權計畫，荀彧卻站在對立面勸阻，諫言不被接納，慢慢遠離了權力核心。

曹操南征時，希望荀彧同行，荀彧心知肚明，此去遼遠茫然，可能就是一條「不歸路」。有人說他憂鬱而終，有人說他服毒自殺，有人說曹操賜死，總之，曹操和荀彧的相知相惜，沒有走到最後，荀彧的人生，結束在五十歲盛年。

3 乘虛而入；不出所料

【典故】《三國志・魏書六・董二袁劉傳第六》：將軍據山河之固，擁四州之眾，外結英雄，內脩農戰，然後簡其精銳，分爲奇兵，乘虛迭出，以擾河南，救右則擊其左，救左則擊其右，使敵疲於奔命，民不得安業；我未勞而彼已困，不及二年，可坐克也。

《三國演義》三十一回：逢紀譖曰：「豐在獄中聞主公兵敗，撫掌大笑曰，果不出吾之料！」

【思索】心計算盡，常常還是不如人意，田豐乘虛而入的提案被推翻，導致最後不出所料，也只變成慘淡悲劇。看起來，機會是性格的奇兵突擊，洋溢著希望；命運卻是人性的最後總和，充滿不可測的變數。

【運用】謠言常利用人性乘虛而入，可怕的是，傳播者不需要承擔責任，就算不出所料，最後得以澄清，常常已造成不能挽回的悲劇了。

董卓暴虐，各地的反抗聯盟，慢慢都同意以袁紹爲「盟主」，不僅因爲他的家世地位，還建立在他長期「支持朋黨、和宦官對立」的信任基礎。董卓得知袁紹起兵，就把留在京城的袁紹叔父袁隗和袁氏宗族全部殺了，這場慘劇，聚攏了大家的士氣，人人打起袁氏旗號，爭相爲他報仇。

董卓趕緊挾持獻帝，趕著洛陽百姓遷都長安。征戰曠日拖延，盟軍酒糧耗盡，也就各自解散。

袁紹知道，無論如何，得先找到根據地。當他從韓馥手上奪得冀州後，注意到韓馥昔日的幕僚長田豐，因爲過於正直不受重用，非常年輕就退隱了，這不是太辜負了才華嗎？他立刻準備豐富的禮物，拜訪田豐，謙卑客氣地懇請他以天下蒼生爲己任，王室多難，誰都不能袖手旁觀，必得奉獻智慧參與這個大時代的角力。

這種物質和精神上的最高級待遇，感動了田豐，也啓發了劉備，把這個「求賢劇本」乘以三加碼演出，三顧茅廬，成爲千古美談。

看起來，慢慢攀向高峰的袁紹，確實收納了不少天下英才，可是，曹操智囊團在密集的情報分析後卻不看好。荀彧判斷：「袁紹是英雄起義中的象徵，所有的人都會靠向他，可惜他不會用人。」；郭嘉更進一步推論：「袁紹喜歡東想西想，想得越來越多，也越來越遠，卻沒有能力作最後結論，不過，他對人民很好，眞的想讓人們過好生活。」

袁紹年輕時爲父、母親守喪，辭官隱居，暗中卻和好友一起對抗宦官，努力掩護遭「黨錮」牽連的受難者。當時很有名的名士「八廚」，散盡家財，爲人民紓困，被當作「錢廚」，也就是不必還錢的「窮人銀行」，其中的領頭羊張邈，就是袁紹的好朋友。

和曹操一樣，袁紹是個「治世能臣」，冀州施政，寬仁愛民，直到他過世後，沿街路祭，人人感恩流淚；可惜，他做不了「亂世奸雄」。曹操是他從小混到大的死黨哥們，說得很實際：「袁紹雖然土地大、糧食多，我並不怕，因爲他志氣大、智慧小，不懂得立威、分權，部將驕縱，政令矛盾。可是，他盤據河北，兵強勢盛，實在是個讓人害怕的對手。」

袁紹在一路領先的「獻帝爭奪戰」中，下錯判斷，讓「挾天子以令諸侯」的曹操聲勢看漲，遷都許昌，掠奪河南大片土地，關中勢力紛紛歸附，他很後悔，常提議讓皇帝遷都鄄城。曹操當然一口回絕，還假借皇帝命令下詔書責備他，並且自封大將軍，任袁紹爲太尉，改封鄴侯。

太尉地位在大將軍之下，袁紹當場拒絕，對幕僚大發脾氣：「曹操幾次差點完蛋，都靠我挽救，如今天他竟敢用天子名義來對我發號施令！」

當時，曹操實力不如袁紹，而且被敵對陣營團團包圍。東邊徐州的呂布、西邊南陽的張繡、南邊淮南的袁術，危險一觸即發，只能對袁紹妥協、忍耐，特派孔融持天子符節拜袁紹爲大將軍，讓他兼管冀州、青州、幽州、并州四個州，用龐大的利益來攏絡他，緩和彼此的矛盾。

此後幾年，袁紹致力討伐公孫瓚；曹操也想辦法和輪流找他麻煩的「壞鄰居」進行忙碌攻防，兩個人保持著「恐怖平衡」。

公孫瓚封城建臺，城內積糧豐足，防守嚴密，他住在高達十丈的臺樓上，只留姬妾侍奉，男子七歲以上不得出入，來往書信文書用繩索吊上吊下，以鐵作門，與世隔絕，袁紹大軍進攻，幾年都攻打不下。這時，田豐出現啦！我們把這個故事原型和後來的劉備和諸葛亮的「進階版」做個對照，劉備三禮諸葛亮，諸葛亮的「Yes」，引領蜀國走向強盛；田豐三勸袁紹，袁紹的「No」，卻一步一步帶著整個集團走向毀滅。

第一勸，田豐認爲，大軍不能長期滯留冀北，應該及早奪取許都，奉迎天子，以詔書爲名，號令四海，袁紹不聽。田豐只好設謀幫助袁紹，剷除糾纏多年的公孫瓚，好盡快謀劃天下大計，沒想到，這種驚人的天才，引起逢紀忌妒，從此埋下危機。

當袁紹決定傾全力帶十萬精銳步兵和一萬騎兵南下時，田豐、荀諶、許攸主謀略，審配、逢紀掌軍事，嚴良、文醜任前鋒，像明星球隊的夢幻大集合，只是，大明星太多了，彼此對立，很難整合，有人主張速戰速決，有人建議用持久戰以逸待勞，戰略混亂。這時，田豐掌握劉備據小沛叛離曹操，立刻提出第二勸，力促加速戰事：「曹操追擊劉備，這就是襲擊最好的時機！」

「可是，我的孩子生病了，關鍵時刻，怎麼忍心離開呢？」袁紹是暖男，卻不是成就帝王業的霸主。田豐像看了場荒謬劇，非常心痛，一邊用拐杖狠命敲擊地面，一邊感慨：「唉，大事不妙，千載難逢的時機，因爲孩子有病就丟掉，可惜啊！」

這些忠誠的憂慮，讓忌恨田豐的逢紀找到機會，加工轉述，促使愛面子的袁紹惱羞成怒，從此慢慢疏遠田豐。劉備兵敗，奔向袁紹求援，袁紹打算奪許都、滅曹操時，田豐冒出第三勸，堅持機會錯過了，曹操攻破劉備，許都目前沒有弱點，還是守住「地利」，外結英雄，內修農戰，極盡「人和」後，再派奇兵乘虛突襲河南，曹操救右就打左，救左則打右，讓他疲於奔命，不得安居，不用三年，就可以輕鬆打下許都，要是急於決戰，如果不成功，牽動太大，後悔也來不及了。

袁紹大怒，認爲他敗壞軍心，將他關了起來。曹操得知田豐不能隨軍參謀，開心地大笑：「袁紹這次該吃個敗仗了。」

官渡大戰，成爲袁紹末路。袁軍倉皇退逃時，人人感慨，如果田豐還在，不至於變成這種結局。這讓尊敬田豐的人開心極了，急著轉告他：「眞好，你就要受重用了。」

「出兵打勝，我還有機會安全活下來。如今兵敗，我必死無疑。」田豐平靜地回答。果然，心高氣傲的袁紹，想起當初不聽田豐的話，結果卻是這樣，心虛極了，加上逢紀成功地搧風點火：「你知道嗎？田豐在獄中聽到我們大敗，鼓掌大笑說，果然不出我所料啊！」

袁紹大怒，田豐慘死。三勸袁紹的最後結局，沒有三顧茅廬的君臣圓滿，只留下遺憾和感傷。

4 兵貴神速

【典故】《三國演義》三十三回：郭嘉勸曹操西擊烏桓：「兵貴神速。今千里襲人，輜重多而難以趨利，不如輕兵兼道以出，掩其不備，但須得識徑路者爲引導耳。」

【思索】軍事行動要求迅速，以免貽誤軍機，但在正式決策以前，依賴知識的累積、資訊的整理，以及深刻多元的思考後，才能做出有智慧的決斷。

【運用】當我們決定單車環島後，立刻全力以赴做準備，在三天內就出發了。因爲，兵貴神速，再拖下去，我們就會像以前一樣，被懶惰和恐懼擊垮，最後不得不取消計畫。

人生有幸、有不幸，但是，幸與不幸常建立在自己的選擇上。日本小說家芥川龍之介說：「命運不是偶然，而是必然，深藏在我們的性格中。」

我們可以從田豐和郭嘉的對照，看見性格牽動著我們的命運，通往不同的方向。

門生遍天下的袁紹，是他們共同的起點。田豐是文化醞養深厚的河北人，對袁紹的世家門第懷著敬意，對故土冀州帶著深刻的感情和使命，當袁紹傾心相待時，他自然會回報以赤誠；郭嘉是俠情任性的河南人，對世家、風土沒有依附牽掛，也不在意世俗評價，更不需要袁紹拜訪，他主動請見，對袁紹很失望，自動「開除老闆」，自顧自去尋找曹操，至少這也是他心目中的「第二志願」。

沒想到，兩個人一見面，相談甚歡。郭嘉說：「找老闆啊！就是要找這種人。」、曹操說：「能夠幫我成就大業的人，一定是這個人！」簡直就像小說情節，他們都很慶幸，找到自己心目中的「Mr. Right」啦！

曹操不只欣賞郭嘉，還爲他專門設立「軍師祭酒」這種官職。和三國舞臺上的周瑜「大都督」，以及不太上戰場的諸葛亮專任「軍師中郎將」一樣，三種專職都是獨特存在的「名人榜」。

一向非常信任陳群「鑑人術」的曹操，曾經重用他保證過的人才，對他彈劾過的官員，也都小心應付，果然得以制止叛徒逆亂。陳群家世顯赫，是清流名士，也是荀彧女婿、孔融好友，後來還創立「九品官人法」，講究清明德行，對放誕不拘的郭嘉看不順眼，幾次還當著曹操的面在朝廷上斥責郭嘉。曹操愛才，從未責怪郭嘉，還笑著替郭嘉打圓場：「陳群眞的好公正啊！」

田豐和郭嘉一樣，都是「心理推測大師」，預測人性反應，大膽而精準，可惜，缺少郭嘉這種好運氣。

他在協助袁紹戰勝公孫瓚後，收納黃河以北的廣袤土地，整復冀州、青州、幽州、并州，連結烏桓，在軍閥四起，仿如破碎拼圖的殘局中，好不容易爲天下統一點起希望火苗，卻又隨著三諫袁紹，走向最後悲劇。

郭嘉卻因爲曹操總是在逆勢中爲他翻演出「言聽計從」的輕喜劇，常常自在地扮起「唱反調專家」。說起來，郭嘉選擇曹操，眞的很勇敢。當時的曹操，盤據在黃河南岸，四面受敵，南方的劉表、張繡，不肯降服；江南孫策蠢蠢欲動；暫時依附的劉備非池中物；就連關中的馬騰、韓遂也在觀望機會擴張。選擇曹操，就是他唱反調的本能。直到曹操消滅呂布，袁術病死，張繡投降，劉表中立，孫策決心深耕江東，才算有一點餘力，鎮撫關中，在鄴城和許都的中心線中，選擇「官渡」強化防禦工程，提防袁紹攻擊。

統一北方的最後對決，就在曹操的慎重準備中，如風雨之前的寧靜，暗地裡情報戰早已如火如荼。當曹操以「現在不打，將來必有後患」的決心，出人意料地進攻劉備時，田豐趁機要求袁紹直攻許都，曹操怎麼會不了解這個和他一起長大的高富帥大少爺呢？他很肯定，袁紹沒有大志，反應遲緩，肯定不會行動，果然，袁紹說孩子病了，在田豐的憾恨中，失去直擊曹操的良機。

開戰前，曹營怯於面對袁紹，郭嘉第一次公然和大家唱反調，幸好還有大掌櫃荀彧撐腰，聯手用「曹操十勝、袁紹十敗」爲全軍打氣。開戰後，兩軍對峙於官渡，江東孫策有意趁機偷襲許都。在大家最害怕時，郭嘉這位心理大師，第二次唱反調，分析孫策喜歡輕騎單出，必爲刺客所害，果然，孫策在狩獵中被仇敵許貢的食客所殺，讓曹操專注對戰，直到袁紹大敗。

曹操在官渡大戰中以小搏大，消滅袁紹主力，解除北方危機，再繼續和袁紹的三個兒子對戰。就在節節勝利、人人都想乘勝追擊時，郭嘉第三次唱反調的機會又來啦！他提議退兵，讓「袁少爺們」自相殘殺，曹操同意，還趁著這個空檔，「順便」南擊劉備，沒多久，袁尙打敗袁譚，自己實力大傷，曹操輕鬆打敗袁尙、袁譚，安定了黃河南北。

袁尙逃到烏桓後，大家認爲烏桓太偏遠了，不值得耗太大心力去征討，郭嘉卻相信袁家父子對烏桓有恩，將來有機會就會東山再起，只要曹營對南方用兵，就會腹背受敵，應該趁袁尙根基還不穩固就立刻發兵，防患於未然；大家又擔心，荊州劉表會派劉備偷擊許都，郭嘉以心理大師的神準預測，保證劉表與劉備不和，讓大家專注地經營北方征戰；這時，隨軍北上的郭嘉，已經身染重病，還預留「不再南歸」的遺言，強調兵貴神速，讓曹操留下輜重，輕騎趕路，出其不意，大破敵軍，一路追殺袁熙、袁尙，直到他們投奔遼東，太守公孫康殺了他們表功歸附，終於成功地統一北方，同時也在曹操感傷追思的眼淚中，郭嘉用最後的生命，成就了輝煌的「唱反調大結局」。

田豐和郭嘉的對照，跟著也走到完結篇。袁紹在官渡大敗後，曾經在軍隊中聽見反覆哀嚎，泣兄失弟、棄伴亡親，人人相互感嘆：「如果田豐還在，不至於變成這種結局。」這句話，成爲田豐的「追命符」；郭嘉死後第二年，曹操大敗於赤壁之戰，倉皇奔逃時也大嘆：「如果郭嘉還在，不至於變成這種結局。」同樣這句話，卻是郭嘉接受庭廟祭祀的光榮勳章。

青山依舊在

曹操和劉備

1. 望梅止渴；青梅煮酒
2. 縱虎歸山
3. 對酒當歌；月明星稀
4. 得隴望蜀

1 望梅止渴；青梅煮酒

【典故】《三國演義》第二十一回：道上缺水，將士皆渴，吾心生一計，以鞭虛指曰：「前面有梅林。」軍士聞之，口皆生唾，由是不渴。

《三國演義》第二十一回：盤置青梅，一樽煮酒，二人對坐，開懷暢飲。

【思索】有時候，以空想來安慰自己，是小小的放鬆；更重要的是，不能沉迷、逃避，更要懂得透過安穩的小天地，張望寬闊的大世界。

【運用】看著我收藏的一大疊電影海報，誰都笑我，不過是望梅止渴啊！他們不知道，將來，我會和全天下的影劇精英，青梅煮酒，笑談我們的電影大夢。

舉辦過「主題Party」嗎?可別用「我還小」做藉口，在不同的年紀，可以發揮不同的熱情和特點，像「冰雪奇緣趴」、「哆啦A夢趴」、「霍格華茲趴」、「三國演義趴」、「聊齋趴」、「飛行趴」、「化妝趴」、「反串趴」……，任何構想，只要花心思設計細節，就可以創造出更多美麗的記憶。

華文歷史上，也出現很多有趣的「主題Party」噢！不過，古代人不流行學英文，他們喜歡說是在開「酒會」，不管喝不喝酒，「酒會」看起來就比「茶會」隆重一點。有一些喜歡在讀書時增加閱讀樂趣的人，還辦了「最佳酒會排行榜」，好像，透過一個又一個「十大」選拔，生活會變得熱鬧、開心，隨時可以對人們大聲邀約：「來吧！看看我們，我們就是最優的啦！」

爲了製造懸疑，我們也來仿效頒獎典禮，把最受矚目的前三名先封存保密，先從第四名開始，一直介紹到第十名。來吧！開獎了，第四名是周瑜辦的「江東群英會」，蔣幹中計，讓曹操殺了戰鬥值超高的水軍首領蔡瑁、張允，方便蜀吳聯手，接下來在赤壁大戰中火燒連環船，也燒掉曹操的囂張氣燄；第五名的「乾隆千叟宴」，是清宮中規模最大、參與人數最多、每五十年才舉辦一次的「人瑞大集合」，七十歲以上的皇親國戚、前朝遺老和從民間奉詔進京的尊長，超過三千人，人人喝到暈倒、樂倒、飽倒、醉倒……，這場極盡奢華歡愉的「展示秀」結束後，清朝的盛世也跟著殘杯餘酒，慢慢走向衰微。還是第六名比較聰明，趙匡胤「杯酒釋兵權」，一頓飯，讓老闆放心，讓老臣放棄武力威脅，享受榮華富貴，眞是皆大歡喜啊！第七名的「東晉新亭會」，南渡後心懷故國、感懷落淚的「失敗主義者」，當然會被罵囉！心懷大志的王導，自然有足夠的勇氣激勵大家：「我們要奮鬥救國，哭哭啼啼，有什麼用呢？」

從第四名到第七名，都和政治有關，可見，官場酒會大半都具有情報角力和長期布局，可不如我們平常聚餐那樣，可以率性自在。幸好，第八到第十，沒有那麼政治，多了些獨特的個性。第八名的「杜康美酒」，藉劉伶刻意「演出」的裸奔醉態，自稱「以天爲衣，以地爲床」，表現雅致高格、與衆不同，喜歡追逐名士的大衆心理，反倒稱頌他率眞、瀟灑、有個性，就像童話〈國王的新衣〉一樣；第九名「貴妃醉酒」，最高潮是醉後的餘興節目，搭了戶外舞臺，運用花月之美，襯出楊貴妃人的舞蹈個人秀；第十名「醉打金枝」，讓娶了公主的駙馬爺，藉酒痛打妻子，替皇帝教訓女兒，讓公主明白：「公主不等於公主病」。

接下來，緊張刺激的時刻到了，最受期待的前三名，究竟是哪一場酒會呢？注意囉！冠軍是最具人文氣質的「飲中八仙」長安酒會，集合了詩仙李白、詩人賀知章、書法家張旭、辯論高手焦遂、汝陽王李進、左相李適之、名士崔宗之和蘇晉，用一種無可替代的生命風情，活出文學旅程空前絕後的高度，連一向走悲苦路線的杜甫，都無限羨慕地寫了熱鬧有趣的〈飲中八仙歌〉；亞軍則是享有最高知名度的「鴻門宴」，范增的見識、項羽的豪氣、張良的圓熟、劉邦的天命，表現得像一齣精彩的微電影。

季軍像歷史的橢圓軌跡，重複而又稍作微調地往前滾動，應邀赴宴的劉備，百般不願也得參與曹操這場「煮酒論英雄」小酒會，就像劉邦百般不願卻得趕赴項羽的「鴻門宴」。不同的是，主人多了點文學的詩情。青梅時雨，天氣變幻莫測，帶著天地茫然的闃暗和寬闊，挑起曹操壓抑在殺伐底層一種敏感複雜的自憐、自傷，卻又在情緒的最低潮中，激起另一種自矜自恃的意興風發，讓他想起討伐張繡時，天氣炎熱，找不到水源，揹著沉重行囊的大軍又渴又累，他用「遠方的梅林」激勵大家，幻想著梅子酸中帶甜的甘味足以止渴，他的急智，不只用兵奇詭，而且形成極具個性的「領導魅力」，讓他在每一次最窘促時，總是能創造奇蹟。

當他採摘青梅擺盤，備了好酒邀劉備對飲時，心裡也充滿著浪漫文學家的細膩曲折，即使劉備「裝笨」，看起來胸無大志，每天在家種菜、澆水，他卻始終認爲，劉備是天生的領袖，能爲自己效勞，將是得力臂膀，要是他想獨立成軍，就會成爲最可怕的對手。

參加邀宴時，劉備已經接受小皇帝的衣帶詔，暗地參加反曹地下組織，卻又怕被探知，當曹操借物詠志，從天邊風雲如龍之舒捲，談起天下英雄誰能縱橫四海時，劉備推舉袁紹、袁術、劉表、孫策、劉璋，都被曹操否決，只淡淡說：「天下英雄，就你和我。」

劉備一聽，大吃一驚，以爲自己的百般掩藏還是被識破，手拿的筷子竟然就掉了，幸好，這時突然下大雨，雷聲大作，劉備靈機一動，低下身撿起筷子說：「天哪！這雷聲，多可怕。」

「大丈夫，也會怕打雷嗎？」曹操這時，霸氣越來越強烈，忍不住被這「小孩怕怕」的即席表演逗笑了，開始懷疑，自己是不是高估了劉備？

事實證明，「青梅煮酒」這個文學場景，眞正上演的，還是「神鬼交鋒」的政治謀略。曹操被風雲變幻勾出來的「文學家感懷」，搭上劉備長期戒急用忍的「政治家表演」，感性和理性對照，溫暖和機變交錯，打破我們的既定印象，畫出不同典型的「英雄形象」，所以讓人更加難忘。

2 縱虎歸山

【典故】《三國演義》第二十一回：曹操遣玄德進兵徐州，程昱曰：「此放龍入海、縱虎歸山也。後欲治之，其可得乎？」
《零陵先賢傳》：璋遣法正迎劉備，巴諫曰：「若使備討張魯，是放虎於山林也。」

【思索】把老虎放回山中，將來可能再為害人畜，同樣的，如果放走敵人，也可能帶來無窮後患。最難的是，我們在苛刻和寬容之間，如何愼選標準，來決定什麼樣的人算是「虎」呢？

【運用】以前的人害怕縱虎歸山，形成禍害。現在的環保運動，卻希望讓石虎、貓頭鷹和臺灣黑熊……這些野生動物，回到山林享受自由呢！

東漢末年社會動盪，蝗災禍亂，北方農業長期遭受戰爭破壞，糧食短缺，常有挖墳、盜墓、人吃人的傳聞。西元一九六年，擊敗黃巾軍後，曹操奪得耕牛、農具和勞動力，在許昌開墾土地，進行「屯田」實驗，軍農合一，戰時打仗，平時種田，不但解決糧食問題，還因爲生活富庶了，吸引大量外來人口移民遷入，城市跟著繁榮起來，加上「代管」小皇帝的權力，藉「封官」來收買人心，好像人們心中又興起安定繁榮的新希望。

曹操就這樣幸運地「收集」了張遼、樂進、于禁、張郃、徐晃五位大將，在三國舞臺上開疆掠地，連《三國志》作者陳壽都創造「五子良將」的優良品牌，爲他們掛保證。但是，將軍的風光背後，可得靠謀略和後勤才可能守成、推進。曹操身邊的精彩謀臣，雖然沒有得到「乖寶寶勳章」，我們也可以爲他們創立一個新品牌，就叫作「五星上相」吧！來自潁川世家的荀彧、荀攸，忠誠支持依附在曹操身邊的獻帝；任情自在的郭嘉、程昱，別出奇策，神鬼莫測；輾轉經歷董卓、李傕、張繡、曹操、曹丕，總是被不同的老闆視爲心腹的賈詡，更是亂世中的精英。

比起來，倉皇流離的劉備，雖然有關羽、張飛這些死黨哥們，以及糜竺、簡雍這些基層公務人員誓死追隨，還是因爲缺少精彩的智囊團，所以一敗再敗。終他一生，總是不斷在密訪賢才，可惜，徐庶遠走，龐統早夭，法正棄世，最後只剩諸葛亮獨撐大局。

劉備常因爲缺少智囊團而苦惱，所以願意付出更大的熱情來對待身邊的幕僚。他習慣和關羽、張飛「培養革命感情」，後來又加了個諸葛亮，日夜混在一起，常常一起睡覺。古代史書如果很正式地記錄「誰和誰一起睡覺」，並不是像現代八卦雜誌在驚爆內幕，而是在那個沒有監視器的戰亂時代，用來證明毫無猜疑的親密感情。

相較起來，君臣關係緊綳的曹操，加上在艱難困境中養成的猜疑本性，即使遍集天下文武長才，也缺少和他親密相談的好朋友。

沒有人可以共享生活，再多的富貴權勢，遮掩不住內心的寂寞。青梅煮酒後，曹操很開心，對劉備生出惺惺相惜的感情，好像多了個可以聊天的好朋友，第二天又邀他共飲。這時，滿寵急報，袁紹打敗公孫瓚啦！投降軍隊併入袁軍，軍威大盛，連袁術也想送上玉璽，準備和袁紹聯軍，軍情緊急，得趕快想辦法攔截。劉備趁機向曹操「演出」效忠請戰：「袁術如果想要投靠袁紹，一定得經過徐州，不如讓我爲你出兵，半路截擊袁術，這樣時效最快！」

「好啊！明天稟報皇上，即可起兵。」曹操帶著煮酒交心後的微醺，又被劉備灌了迷湯，不但一口答應，還撥出五萬軍馬送給劉備。等郭嘉、程昱考察回來，立刻加派軍隊攔阻時，劉備星夜趕路，早已奔出曹操的勢力範圍。程昱難免感嘆：「劉備啊！就像放龍入海、縱虎歸山，以後應該都抓不回來了吧？」

這是西元一九九年，曹操和袁紹官渡對決前最驚險的逃亡，讓劉備保住生機。

九年後，劉備三顧茅廬，請出諸葛亮，爲他在赤壁大戰爭取曝光率，提高戰鬥值。到了二一三年，「縱虎歸山」的相同戲碼，竟然又發生一次，只是，內部角力和外在環境已經都大不相同了。這時，我們先來了解一下，超塵絕俗、多智近妖的諸葛亮，曾經大力推薦的這個人：「運籌策於帷幄之中，吾不如子初遠矣！」

子初，究竟是誰呢？噢，就是出身荊州世家的劉巴。古人的「字」，多半用來解釋「名」的進一步內涵，「巴」就是盼望，生命的最初，我們都帶著希望和期待，就像諸葛亮字孔明，即使是一點點縫隙裡的光，也可以帶來希望；張飛字翼德，飛翔是翅膀的價值。

劉巴是劉備最渴望納入智囊團的指標人物，像握住希望的風箏，劉備費力爭取拉扯，劉巴卻總想趁風飛揚，一生都在「逃離劉備」。劉備投奔荊州劉表時，爲了表演「仰慕示好」，特意爲劉表甥兒周不疑舉薦名師劉巴，古代沒有媒體、臉書、八卦雜誌，出名都靠「口碑相傳」，當時，名士劉巴和神童周不疑名滿天下，他的牽線順理成章，照理說應該成就一番佳話，沒想到，劉巴竟然拒絕。

這是劉巴第一次表現出對劉備的「漠視」，一時還不曾引起大家注意。劉備逃離荊州時，大半士族都跟著劉備，只有劉巴去找曹操，讓曹操又驚又喜，劉備只能慨嘆形勢窘困，不忍勉強。當曹操讓劉巴招撫長沙、零陵時，劉備已經壯大到占領零陵入主荊州，正準備找劉巴敘舊，再演一場他最拿手的「三顧茅廬」時，才發現劉巴竟然改名逃到交趾，就是現在的越南耶！天遙地遠，劉備再怎麼遲鈍，這時也該發現手上這根線，被風箏強大的叛逃力量，越扯越遠，他心裡雖然不高興，還是牢牢地抓住希望的線，絕不放棄。

逃到天涯海角的劉巴，和交趾太守不和，決定離開，就在他打算進益州時被抓到，送到劉璋面前，劉璋大喜，立刻奉爲幕僚。劉璋原來是親曹派，當曹操打算派將領去討伐占領漢中的張魯時，劉璋深怕自己會被派去，他的部下張松，早在暗地裡投靠劉備，趁機獻計，讓他請劉備到成都來。劉巴聽到這件事，極力勸阻，強調劉備野心很大，請他過來，後患無窮，劉璋不聽；後來，劉璋派劉備征伐張魯時，劉巴又堅決反對：「讓劉備討伐張魯，簡直是放虎到山林去啊！到最後只會讓他擁兵自重。」

劉璋還是不聽。十四年前，叛離曹操的縱虎歸山，劉備羸弱到只盼著喘一口氣；這一次，劉備帶兵入漢中，以霸主姿態笑傲山林，第二年，包圍成都，劉璋猝不及防，益州果然被併呑。

劉備和劉巴在命運曲折反覆十三年後，終於又相遇了。劉備自知和劉巴隔閡已深，轉而懇請孔明挽留劉巴，經過這麼多轉折，劉巴終於認命，在劉備憂慮國庫空虛時，他扛起責任，切中問題，鑄値百錢銅板、統一全國物價、實行公賣制度，很快就讓國家富裕起來。

蜀國建國後，國號、年號、詔命、公文，全都出於劉巴規畫。他活了三十九歲，三分之一的生命精華，浪費在躲離劉備，直到最後八年，才善用一生智略，付出貢獻，但因爲和劉備的相抗疏離，沒留下太多確實的故事，他的傳奇，也如猛虎入山，只留下無窮的想像……

3 對酒當歌，月明星稀

【典故】曹操〈短歌行〉：「對酒當歌，人生幾何？譬如朝露，去日苦多。」；「月明星稀，烏鵲南飛，繞樹三匝，何枝可依？」

【思索】人生短促，逝去的歲月中，憂慮總比歡樂還多，面對美酒，更要慷慨高歌，珍惜當下美好，及時有所作爲。就算太陽不能永遠燦爛，只要堅持信念，仍然可以看見月色皎潔和星亮微微，讓我們堅定地向正確的方向飛去。

【運用】對酒當歌，人生值得我們奮鬥。即使月明星稀，不斷堅持下去，太陽就將升起。

中國線上連載的網路小說，五花八門，文類和選材包羅萬象，很多上班族在超高工作壓力下，用寫小說改造各種歷史來紓壓。閱讀歷史，找出懸疑，補足縫隙，變成和電玩一樣具有多變謀略的高智商休閒樂趣。在荊州，因爲劉備牽線串起來的名士劉巴和神童周不疑，個性鮮明，遭遇奇特，再加上留下來的正史記載不多，剛好可以讓想像力大肆馳騁，補足許多我們好奇的縫隙，像一團神祕曲折又超級吸睛的「小說毛線球」，讓我們推敲出更多有趣的故事。

劉備趁地利之便，苦「追」劉巴，劉巴卻早已選定「第一志願」，千里迢迢自動去投靠曹操，開始演出一生顛簸的「逃離劉備受難記」，使得劉備形象重挫。相反地，小周不疑卻因爲劉皇叔這個超級星探的「行銷活動」，地位直追大明星劉巴，使得他純眞的心靈也被自我催眠：「可憐的劉皇叔爲我受了委屈。」從此對劉備集團帶著深藏在心裡的好感和同情。

荊州投降後，曹操很快找到周不疑，親自爲女兒說媒，想把女兒嫁給這個超級神童，將來還可以爲曹家生養超高智商的優生子孫。沒想到，周不疑很乾脆，說了聲「不敢當」，很明顯是他「不想當」、也「不願當」，這時的他啊！實在不知道東逃西竄的劉皇叔，到底躲到哪裡去了？否則，他早就跑到蜀國去，毫無爭議地成爲「諸葛亮接班人」的唯一人選。

曹操用女兒這個「餌」，沒有釣到周不疑，卻幸運地靠兒子曹沖，網住周不疑。這兩個人，天才對神童，智計對文采，純眞對善良，「痲吉」到簡直可以寫一本小說，書名就叫做《絕代雙驕》。

幼兒時期就懂得運用浮力原理秤大象的曹沖，隨著年紀增長，更懂得在亂世用重典之外，留下懷柔寬仁的政治智慧。他發現倉庫守衛因爲曹操的馬鞍被老鼠咬破，可能被處死，交代他們晚一點呈報，再剪破自己的衣服，技巧地把破洞整理得就像老鼠咬的缺口，然後愁眉苦臉地向老爸撒嬌：「人家都說，衣服被老鼠咬破就是不吉利，怎麼辦呢？」

「別聽人胡說！老鼠咬東西，再正常不過了，有什麼好擔心的？」曹操笑著安慰這個心愛的孩子。沒多久，當他聽說自己的馬鞍被咬，不但沒有按律處死，反而安慰守衛：「我兒子的絲帛衣服放在身邊，還被老鼠咬了，何況是掛在柱子上的馬鞍呢？」

曹沖不是嫡子，在曹府裡外卻備受喜愛，他也體貼每一個人，願意爲大家付出。曹操一直把這個聰明又懂得治國的兒子當作傑出的接班人，愛烏及屋，連帶也一起寵著周不疑，有時候還帶著他隨軍見識，擴大他的視野，期盼將來他可以好好協助曹沖。

有一次，曹操圍攻柳城，對著地形圖設想發呆，才十六歲的周不疑，爲他定下連環十計，很快就成功破城。這讓曹操又開心、又驚駭。曹沖病逝後，曹操決定派人刺殺周不疑，曹丕發現，趕進宮裡爲周不疑求情。早在英國人在牛津成立「門薩（mensa）頂級智商學會」以前，曹沖和周不疑已經自然形成「頂標俱樂部」，曹丕雖然擠不進這個小圈圈，但也算當時前段班的資優生，不像曹植那樣寫詩自High，對於作家、作品和社會觀察，視野寬闊，讓他特別欣賞周不疑用四首〈文論〉詩，就可以闡述文學脈絡，自己也透過〈典論・論文〉呈現對稱的美感和詩一般精緻，他可等著和周不疑並肩找出更多觀點的獨特，深入開創寫作方法研究。

如果周不疑只是個尋章摘句的文青，應該可以在曹操的重用下，風花雪月地活下來。不幸的是，曹操對這個叫做「不疑」的孩子疑之又疑。他拒絕曹丕要求，還狠心地澆冷水：「如果曹沖還在，可能有本事活用周不疑，這個人太厲害，絕對不是你可以控制的。」

十七歲的周不疑，終於隨十三歲的曹沖，在同一年離開人間。這兩個人，又將在幽杳天地間寫出什麼故事呢？不要說我們很好奇，曹操一個人靜靜沒事時，應該也常想起這兩個傑出的天才少年，如何在人間天上，留下許多未完成的樂章吧？

回想起自己的人生，霸業王途，徒留血戰成河；和好友袁紹、陳宮反目；殺呂布、屠徐州；失去郭嘉、典韋；曹昂替他而死，愛妻棄去，垂死之前竟不知該如何面對？好不容易在青梅煮酒後，以爲自己得了個可以說話的朋友，劉備又叛他而去。曹操的愛和恨，忌疑和追悔，霸氣和深情……，形成生命中各種複雜曲折的深度，清靈豪邁如曠古輕吟的〈短歌行〉，就是一則讓人好奇的謎題。

「對酒當歌，人生幾何？譬如朝露，去日苦多。慨當以慷，憂思難忘。何以解憂？唯有杜康。」晶瑩如星亮的開頭，表現人生短促，美酒高歌；接著在「青青子衿，悠悠我心。但爲君故，沉吟至今。呦呦鹿鳴，食野之苹。我有嘉賓，鼓瑟吹笙。」表露出盡傾所有、招納人才的心意，皎如明月，渴望讓所有懷著夢想的人，如小鹿生活在共享共好的寧靜原野上；中途轉折到「明明如月，何時可掇？憂從中來，不可斷絕。越陌度阡，枉用相存。契闊談讌，心念舊恩。」，寫盡天下爭霸中的艱難委屈；最後一段的「月明星稀，烏鵲南飛，繞樹三匝，何枝可依？山不厭高，海不厭深。周公吐哺，天下歸心。」在人生如寄的感嘆、及時行樂的悲慨中，流露出張望遠大理想、承擔一切苦難的英雄氣魄。

讀〈短歌行〉，就像划著一葉小舟，晃晃悠悠，讓我們慢慢靠近迥異於曹操形象的，一顆惆悵迂迴的「詩人之心」。

4 得隴望蜀

【典故】《三國演義》第六十七回：曹操定漢中，得東川，司馬懿獻策進兵益州。操嘆曰：「人苦不知足。既得隴，復望蜀耶？」

【思索】得了這個又要那個，總是貪得無厭，不知滿足，這是「人性」；決定在什麼時候踩煞車，在什麼樣的標準下學會珍惜，這才叫做「幸福」。

【運用】小弟弟剛看完《鋼鐵人》，又吵著要看《超人大戰蝙蝠俠》，眞是得隴望蜀，好貪心啊！

西元二〇〇年，曹操以小搏大，在官渡打敗號稱百萬的華北盟主袁紹，而後追剿袁氏散兵七年，在二〇七年大破烏桓，統一北方，聲望抵達前所未有的高峰。

人心就是這樣，在最好的時候，總以爲還可以更好。來不及讓北人軍民休養生息，第二年，換曹操當「老大」，帶著號稱百萬的大軍南下，在赤壁決戰前的長江水面辦「戰艦時尙趴」。當大家在「我有嘉賓，鼓瑟吹笙」的歡樂氣氛中，曹老大「橫槊賦詩」，寫出豪放磅礡的〈短歌行〉。「槊」是一種貴族專用的長矛，無論是材質或使用技巧，都顯得威風凜凜，更是激盪起全軍意興高昂的壯烈聲勢，相信大家很快就可以掃平孫、劉，統一天下，實現「周公吐哺，天下歸心」的壯志。就在Party最熱鬧、最快樂的時候，揚州刺史劉馥忽然冒出質疑：「將士用命，出發在即，爲什麼要寫這麼不吉利的詩？」

「哪裡不吉利啊？」剛寫完詩，本來還洋洋得意的曹操，被他一鬧，忽然愣住。劉馥不高興地指出：「月明星稀，烏鵲南飛，繞樹三匝，何枝可依？就是在描寫打敗仗逃亡的情景，這還不叫做不吉利嗎？」

「這麼長的詩，你就只看這句，專門掃我的興？」曹操大怒，拿起槊隨意一刺，竟然刺死劉馥。大軍還未出發就先死了官員，這又更加不吉利了，眾人驚駭，匆匆撤掉宴會。沒想到，不吉利的事，眞的發生了！赤壁大戰結果，吳蜀聯軍以小搏大，逆轉戰局，曹軍一路逃亡，簡直就是「繞樹三匝，何枝可依」。曹操大受重挫，回到北方後，心情很被打擊，好不容易才打起精神，放慢南征速度，轉向經略西涼，殺馬騰、困韓遂、戰馬超；在京城建銅雀臺，晉號魏公；在朝中，殺伏皇后，嫁女兒給獻帝立爲新后，低迷的聲勢持平回穩，在曹操熟年時掀起新一波高峰。

二一五年，曹操帶著精英名將征伐張魯，由夏侯淵、張郃打先鋒，曹仁、夏侯惇押後督運糧草，曹操居中協調，直取漢中。張魯的陣營也不是「草包」，由他弟弟張衛帶著大將楊昂、楊任，固守漢中天險「陽平關」，等曹軍一到，沒讓敵軍休息，立刻趁夜劫寨，打得曹營大亂。曹操年紀大了，體能慢慢衰退，天亮時眼見山勢險惡，忍不住嘆：「早知道攻山這麼難，當初實在不應該出兵。」

「兵已至此，千萬不要再說喪氣話了。」他的貼身護衛許褚，講話很直，兩個人的關係像古代不出門的小姐和貼身丫鬟。曹操一向沒什麼親密朋友，因爲信任許褚，人性的本能表現得更眞實，還是繼續使性子，揚鞭遙指山形說：「這麼堅固，實在難攻！」

這時，忽然箭如雨下。楊昂、楊任分兩路襲殺而來，剛剛還像「管家阿福在教訓蝙蝠俠」的許褚，立刻變身成「美國隊長」，一邊縱馬迎戰兩位將軍，一邊大喊：「徐晃快帶主公離開，我來斷後。」徐晃保著曹操撤退，幸好，夏侯淵和張郃已經聽到喊聲趕來接應。

連輸兩陣、對峙五十幾天後，曹操決定詐退，讓楊昂、楊任放鬆撤防，又派夏侯淵和張郃分兩路抄向陽平關後設伏偷襲。楊昂、楊任本來很像電影裡的「路人甲」，讓人以為他們在吶喊一番後就會去領便當，不過，從這裡開始，就算是小配角，也開始很有戲了。首先，他們先意見分裂，楊昂氣盛，想趁勝追擊，楊任智商比較高，極力勸阻，接著就行動分裂了。

楊昂演的是「喜鬧劇」，他率軍追擊，困在霧裡。同時，這場大霧也困住夏侯惇，他誤闖敵營，久等不到老闆回來的楊昂部下，以為將軍終於「下班」了，開心地開門迎接，這種熱情迎接，嚇得夏侯惇膽顫心驚，深怕中了埋伏，等他看清這是一座空營，當機立斷，放火燒寨，福大命大又糊里糊塗地立下大功，占領讓曹操頭痛極了的「陽平關」，楊昂在突圍時被張郃殺死。

楊昂的魯莽，襯出楊任的堅忍。楊任殺出生路，奔回南鄭，早已逃回王城的張衛，無從爭功，只能諉過，把陽平關失守，全都推給楊昂和楊任。楊任的孤勇，演的就是「英雄悲摧劇」，他在張魯面前立下軍令狀，勇武無怯地重回戰場，奮力和猛將夏侯淵纏鬥三十幾回合，直到夏侯淵詐敗設伏，最後含恨而終。

楊任的死，對張魯陣營勾勒出兩件重要的事，一是將士死戰的忠誠，二是領導中心周邊的腐化，算是爲龐德的「英勇出場」和「無奈投降」，鋪陳出背景底色。龐德輪番力戰張郃、夏侯淵、徐晃、許褚，毫無懼怯，這些名將對他惺惺相惜，讓曹操生起網羅龐德的打算。賈詡設了離間計，從領導中心的周邊腐敗下手，賄賂楊松，讓他辱謗龐德，直到張魯逼反龐德爲止。

隨著忠誠將士死的死、降的降，張魯眼看大勢已去，想棄城投降。張衛又勸他：「我們可以放火盡燒倉廩府庫，堅壁清野，再出奔南山去守巴中。」

「倉廩府庫，本來都是國家的財產。」最後，張魯封存庫藏，一如爲國家守護資產待用，再帶著全家老小開南門殺出生路。曹操進城後，發現府庫豐裕，非常感動，相信張魯對國家的忠誠，勸降漢中後，一直對張魯集團優禮相待，只抓了賣主求榮的楊松斬首示眾。這時，民心凝聚，司馬懿趕緊勸進：「劉備詐騙劉璋，蜀人不服，我們應該趁勢進擊，時不可失。」

「人哪！就是苦在不能知足，既得隴，又望蜀了？」曹操這時的心情，和關東聯軍打跑董卓時的袁紹，何等相像！同樣陷入「艱險勞苦，總算有個好結局」的收手打算。歷史總是在相同的旋律裡，和我們開了個小玩笑，袁紹拒絕曹操，一如現在，曹老大拒絕了剛剛冒出頭的司馬懿。

曹操指定夏侯淵督領張郃、徐晃，留守漢中，直到等劉備占穩西蜀以後，蜀、魏間的「漢中之戰」，糾纏了三、四年。如果曹操更年輕一點，司馬懿更強勢一點，或者夏侯曹張諸將更積極一點，他們就能效法當年劉秀起兵反抗新朝王莽時，岑彭攻克天水隗囂，劉秀還特別交代：「攻下西城後，直接攻打西蜀。人苦不知足，既平隴，復望蜀。」

果然，劉秀滅隴據蜀，一統天下，寫下「光武中興」的輝煌史頁。有時候，「不知滿足」不見得就是貪婪，得隴望蜀，是時勢迫人的無奈，也是一統天下的決然，「不能滿足」，原來也是人生不斷往前的奮鬥力量。

王朝更迭

幾度夕陽紅？

1. 芒刺在背；如坐針氈
2. 投鼠忌器
3. 三馬同槽
4. 屍居餘氣

1

芒刺在背；如坐針氈

【典故】《三國演義》第二十回：獻帝泣謂伏皇后：「朕每見之，背若芒刺。」

《三國演義》第六十六回：伏后謂獻帝曰：「旦夕如坐針氈，似此爲人，不如早亡！」

【思索】在古代，權力之前，人人都有可能因爲畏忌而身心痛苦，陷入極度不安。到了現代，文明、科技和民主法治，明顯都進步了，爲什麼還有這麼多戰爭離亂，讓人戒懼痛苦呢？

【運用】和同學吵架以後，總懷疑他在背後盯著我，眞是芒刺在背、如坐針氈，等到誤會化解後，和他分享那些荒謬的想像和猜疑，我們都一起哈哈大笑起來。

從切身的感受去解釋世界，受到生活背景、生命經驗，以及閱讀範圍局限，常形成許多「以爲是眞相」的表面印象，讓每一個人物形象多出更多想像空間。

最基礎的人物形象是「歷史形象」，由「接棒的反對者」決定用什麼角度解釋自己，讓「接班」變得非常合理。這些充滿「塑造人民中心想法」的官方解釋，如果不能說服尋找眞相的讀書人，他們就會搶奪「歷史的解釋權」，從簡單的事實中創造出複雜的心理和懸疑的想像，透過「文人形象」改寫出不同的結局；然後在「民間形象」中繼續分裂、增生，反應社會期待，懲惡揚善，滿足更多對生命的不忍和不滿，這種勢力，極爲龐大，無論性格和特性，都會越來越誇張，到最後，讓眞實的歷史人物，變成和漫畫、小說創造出來的角色一樣，讓我們一聽到名字，腦子裡就會有一種「既定的造型」冒出來。

比如說，傳統戲劇裡，諸葛亮習慣以「老生」扮相出現，羽扇綸巾，白衣飄飄，無論是雪白的扇子或身上的衣服，都會畫著八卦圖，腦海裡偶爾還會浮起他白髮蒼蒼，戴著老花眼鏡，彎腰佝僂，趴在書桌上寫出師表、擬訂策略、徹夜辦公的辛苦剪影。事實上，諸葛亮是極端嚴謹的「法學先驅」，以及講究實證科技的「發明家」。如果他活到現代，發現我們把他當成超越現實的「神仙」，隨時可以借東風、擺七星陣，不時聞聲救難，提供各種法寶給人民使用，想必他會寫一篇〈再出師表〉，噢，對了，這個「師」，指的是軍隊，不是出門當個講師那麼簡單，而是出動軍隊的大事，雖然進入科技時代，不必再大費周章出動木牛流馬支援軍隊，但是，「打破迷信，還原眞相」，仍然是一場值得致力奮鬥的戰爭。

因爲，和「既定印象」搏鬥，絕對是一場艱難的戰爭。不信？先試著回答一個小問題：小皇帝劉協和諸葛亮，誰比較大？嗯，劉協從東漢末年何進和十常侍內鬥時，就出現在三國舞臺上，到了董卓擔綱主角，他還以童星身分擠進最佳男配角行列，諸葛亮卻拖到三顧茅廬才登場，應該劉協比較大吧？不對，不對，這小皇帝樣樣都靠別人幫忙，處處受壓制，應該是個小孩子吧？諸葛亮可是赤壁大戰的第一男主角耶！當然諸葛亮比較大。

想一想，爲什麼我們會有這麼多直覺呢？這都是民間印象的威力啊！再想想，爲什麼我們忽然把這兩個人擺在一起呢？想出來了吧！他們都出生在西元一八一年，一樣大，更巧合的是，他們也逝世於同一年，剛好在人生舞臺裡同進同出，見證著同樣的時間和截然不同的命運。

黃巾起事時，他們三歲，天下亂局離他們很遠。諸葛亮八歲時成爲孤兒，依附叔父生活；劉協九歲成爲孤兒，家沒有了，幸好有個大他十四歲的同父異母哥哥劉辯，倉促坐上皇位，和他相依爲命，沒想到，哥哥很快被董卓殺了，自己變成皇帝，輾轉被幾個軍閥搶來搶去，眼看著國也快沒了，好不容易遇到曹操，生活安定下來，眞實的人生卻不是童話，即使貴爲天子，也不可能過著幸福快樂的日子；至於平民人生，更是飄零慘烈，十四歲的諸葛亮，親眼目睹曹操血洗徐州，從此痛恨腐朽黑暗，終此一生，致力和平奮鬥，至死無悔。

西元一九九年，諸葛亮在隆中，透過「交友」和「聯姻」，串起廣泛的人際脈絡，分析情報，評估朝野，結合現實觀察和知識理論，不斷提升政治遠見；同樣十九歲的劉協，長期看著天下爭霸，人民飢苦，再也不是那個無能的小皇帝，心裡藏著憂苦而悲壯的大志，和曹操許田圍獵，看他假天子之威睥睨群臣，回宮後忍不住對伏后痛哭：「我從當上這個皇帝開始，備受董卓、李傕、郭汜這些軍閥的威脅，好不容易遇到曹操，以為得到社稷之臣，沒想到這人更可怕，只要看到他，我的背好像芒針在刺，不知道我們會怎麼死呢！」

不知道他會不會想起《漢書卷六十八．霍光金日磾傳》裡的祖先宣帝，十八歲時被大權獨攬的霍光從民間找回來，坐上皇位，總是如芒刺在背。直到宣帝親政，勤儉治國，社會繁榮，不但誅滅腐敗的霍氏家族，而且講究法權，整肅吏治，成為西漢武力最強盛、經濟最富庶的「中興盛世」。好像劉協也一直在等待著親政中興的機會。許田遊獵後第二年，國舅董承帶著他的衣帶詔，聯繫大臣政變，被曹操識破，懷孕的董貴人被絞殺，劉協的雄心壯志，跟著被磨淡。

西元二一四年，宮中都傳說著，曹操想要篡位。伏皇后密謀反抗，劉協以董貴人為戒，餘悸猶存，皇后卻憤恨地說：「我日夜如坐針氈，這樣活下去，還不如拚死一搏。」

伏皇后果然以死作代價。政變失敗後，兩位皇子被毒殺，伏氏家族牽連處死，曹操為劉協另立自己的女兒為后。才三十三歲的劉協，只覺得人生遠景彷如黃昏，慢慢暗下顏色；這時的諸葛亮，從赤壁大戰打出天下，像旭日初升，循著

〈隆中對〉的最高建國原則，從荊州到益州，慢慢經營出他對太平天下的夢想。

六年後，曹操過世，劉協讓位給曹丕，離開京城，走出這個「皇位囚牢」，在山陽過了幾年安寧日子，直到西元二三四年，平靜地迎向死亡。同樣在這一年，諸葛亮聯吳伐魏，在葫蘆谷火困司馬懿父子，而後病死在五丈原，安葬在蜀魏交界的定軍山，永恆地守護著他深愛的土地。

西元二六五年，司馬懿的孫子司馬炎篡魏，改國號為「晉」。他偏愛孫子司馬遹，讓這個「寶貝皇孫」的爸爸繼承皇位，籌劃讓司馬遹順利接棒。事實證明，司馬遹還是沒有當上皇帝，除了有點討皇爺爺歡心的小聰明之外，他生性散漫，只想玩樂，當家教老師杜錫對他諸多約束時，他就派人把針倒插在老師坐氈裡，讓杜錫一入座就被刺得鮮血淋漓，還諷刺這個以忠誠正直聞名天下的大好人說：「你啊！那麼愛教訓人，怎麼也會讓自己淪落到這種地步呢？」

歷史不斷向前滾去，時間拉長了，更能看到許許多多我們原來想像不到的矛盾和對照。「芒刺在背」的宣帝，在患難中艱辛纏鬥，直到中興漢室，獻帝卻戰戰兢兢，終究非自願地結束漢室；「如坐針氈」的伏皇后，生不如死，讓人「如坐針氈」的司馬遹，也在皇室鬥爭中敗下陣來；同年生死的劉協和諸葛亮，在不同的命運畫布上，因爲各自的堅持和選擇，塗抹出不同的生命顏色，這又讓我們想起了什麼呢？

2 投鼠忌器

【典故】《漢書卷四十八．賈誼傳》：里諺曰：「欲投鼠而忌器。」此善諭也。鼠近於器，尚憚不投，恐傷其器，況於貴臣之近主乎！

《三國演義》第四十二回：玄德訴說當陽之事，雲長嘆曰：「曩日獵於許田時，若從吾意，可無今日之患。」玄德：「我於此時亦投鼠忌器耳。」

【思索】想要除害，但因有所顧忌而不敢下手。這世界上的顧忌，多半和權勢有關，有時候是因爲有所求，有時候則是因爲有所懼，無求又無懼的人，自然就可以忠於自己的選擇。

【運用】警方追查了半個多月，終於包圍逃犯，可是他挾持人質，大家投鼠忌器，一時不敢攻堅，正在努力想解決辦法。

老鼠出現了！誰都想打，可是，看牠躲在珍貴的寶器旁，怕傷到寶物，大家只好忍耐，不敢隨便出手。聰明的老鼠，和人類交鋒幾次之後，就知道該躲在哪些器物旁，等於找到「護身符」，讓人們氣得牙癢癢，卻又無可奈何。

這時，我們不必每天愁眉苦臉，總想著怎麼打老鼠，而是應該把「器」移開，別讓我們珍惜或寶貝的事或物，成爲壞人做壞事的保障。《漢書卷四十八・賈誼傳》就描寫著西漢政論家賈誼，和漢文帝劉恆一起討論，怎麼解決「想抓老鼠，又怕毀了家具」的兩難問題。

那時候的劉恆，當皇帝也當得很辛苦。他是漢朝開國君主劉邦的兒子，卻是漢朝第五個皇帝，中間還隔著三任帝王，很奇怪吧？這得從劉邦愛上戚夫人開始講起。當他想廢掉呂后親生兒子、另立戚夫人的兒子如意爲太子時，就開啓了一連串從後宮到朝廷的恐怖惡鬥。

呂后爲了保住自己的權勢，扭曲的性格和血腥的手段，簡直可以列入「變態心理學」專章討論。不可思議的是，她卻養了個善良寬厚的兒子劉盈，當他發現母后想殺弟弟如意，就親自接送，帶在身邊上下班，和他同吃同睡，可惜有一天，劉盈一大早出門，如意還在睡，他不忍心叫醒這個小弟弟，布滿眼線的太后，很快趁這個機會毒殺了如意。

劉盈反對母親瘋狂地替呂氏家族封王，和母后激烈衝突。呂后派人砍斷戚夫人手腳，挖去眼睛、熏聾耳朵、灌了啞藥，再扔到豬圈裡叫她「豬人」，讓劉盈來欣賞，和她作對，究竟會變成什麼下場？劉盈徹底崩潰了。那個時代，沒有漫威漫畫，誰也不能想像這個「豬人」可以像「蟻人」、「蜘蛛人」、「鋼鐵人」一樣，變形成超能英雄，展開新人生。他大哭，氣自己竟然有這樣的母親，再也沒臉治理天下，以後就把朝政交給母親，躲在聲色玩樂中，毫無求生熱情，二十四歲就離開人間。

爲了保障自己的地位，呂后想出很多別人想像不到的做法。她逼自己的兒子娶外孫女當皇后，外孫女太小了，沒法生小孩，她又逼小皇后假裝懷孕，收養皇子，再殺掉皇子生母，比直接去「搶」還殘酷。小皇子來不及長大，就因爲父親過世，當上「前少帝」，當他發現身世眞相，發誓長大後一定要報殺母之仇，太后一聽，直接廢黜處死，在位只有四年，接著又立一個「後少帝」，繼續臨朝聽政四年，直到她過世後，才由大臣聯手剷除呂氏家族力量，而且大家都覺得惠帝諸子來歷不明，全都被殺了。

這就顯現出劉恆的智慧和勇氣。太后殺了趙王如意後，本來想讓劉恆接任趙王來拉攏他，他找了巧妙的理由拒絕，一方面努力保持低調，在呂氏專權時期保命，另一方面在呂氏倒臺時，也可以清楚畫清界線。等大臣們消滅掌握兵權的外戚後，準備擁立新皇帝，劉恆是劉邦倖存下來年紀最大的兒子，生母薄氏家族弱勢，加上本性仁愛寬厚，每次爲母親親嘗湯藥的孝行，名列「二十四孝」第二名，就在這些亂七八糟的殺戮死亡中，意外坐上皇位。

我們可以想像得到，經歷漫長的外戚專擅，大臣一定緊緊纏住劉恆，不讓他有太多自己的意見，但他又決心輕刑罰、減賦斂，興修水利，富裕民生，這所有的施政，必須周旋在不同意見中，不斷調和、妥協，在自比爲「當代屈原」的賈誼眼中，就覺得官員們都不求改進，只知道拚命和皇帝套關係，有理想的人想要勸諫，又怕傷及皇上，投鼠忌器，只好作罷，任他們爲所欲爲。

多年後大家才發現，劉恆的努力，爲漢朝打下安定太平的基礎。古代的人，習慣用一個字作「謚號」，總結人的一生，劉恆謚「文」，後來的人尊稱他為漢文帝，從劉邦的霸氣、呂后的瘋狂中，慢慢開啓一個溫文儒雅的新世代。他的兒子，謚號「景」，不只景仰、同時也追逐著父親的高度，傳承實踐一種質樸簡約的生活，父子兩代的「文景之治」，成為後世嚮往美好盛世的典範。

賈誼把皇上比喻成珍貴的寶器，奸佞的大臣是有害的老鼠，文帝也確實移開了寶器，摒棄了鼠群生存的空間。這讓所有心理困頓、志向不得伸展的忠臣良相，找到寄託理想的紓壓可能。

赤壁大戰前，曹操大軍如天神侵臨。劉琮瞞著劉備降曹，等於給了劉備一記痛擊，在慘烈的逃亡中更顯出英雄的壯闊，趙雲單騎救回幼主劉禪，張飛長坂橋負責斷後，到了漢津，前有大江，後方鼓聲連天震地，曹操認定劉備已是釜中之魚、阱中之虎，笑說：「這次再抓不到他，眞的又放魚入海、縱虎歸山了。」

沒想到，千里走單騎回來的關羽，剛好領著一隊軍馬經過，曹操多疑，以為又中了諸葛亮之計，速令大軍撤退。關羽就這樣輕鬆地當了個「救難大英雄」，護著劉備一行人上船和甘夫人、劉禪會合，當他聽說糜夫人身受重傷，不願連累趙雲，最後投井而死時，忍不住嘆一口氣：「當日許田遊獵，如果聽我的話，讓我殺了曹操，哪裡會像現在這樣落難呢？」

「誰不想殺了曹操？」劉備跟著嘆了更大一口氣：「問題是，投鼠忌器，皇帝就在他身邊，等同於人質，誰又敢輕舉妄動呢？」

投鼠忌器時，誰都期盼，能夠像漢文帝這樣，溫暖從容，在休養生息中創造出一個新時代。

3 三馬同槽

【典故】《三國演義》第七十八回：操病勢轉加，忽一夜夢三馬同槽而食，及曉，問賈詡曰：「孤向日曾夢三馬同槽，疑是馬騰父子爲禍；今騰已死，昨宵復夢三馬同槽。主何吉凶？」

【思索】三馬同槽，從司馬懿父子三人篡奪曹魏政權的故事，慢慢擴大成「陰謀篡權」的象徵。像白紙上的黑點，黑暗的標籤，強烈到蓋住人性的微光，三分歸「晉」的重大貢獻，也就在世人評價中打折了。

【運用】我們班的三劍客，成天不寫作業、無所事事，還強占別人的科展作品，眞是三馬同槽，讓人頭痛啊！

三國歷史大競技，有點混亂，像金融大海嘯，所有的主席、裁判都失去權力了，只好讓一大堆「創業選手」各顯神通，有時聯合、有時競爭、有時併吞，更慘烈的手段就是消滅，直到最後出現超級集團，帝王冠冕，就是最後的獎賞。

孫堅的帝王創業史，秉持「藍海策略」，別出江東，短短的一生璀璨如煙火，翻演出詩的人生。

劉備創業，有點像「苦情連續劇」。少年喪父，和母親靠織草席、賣草鞋謀生，十五歲跟著九江太守盧植讀書，竭力結交公孫瓚，好不容易在黃巾戰役中立了功，光想見個督郵都要天長地久地預約，年輕氣盛的劉備，忍不住衝進去暴打督郵出氣。後來，羅貫中爲了在《三國演義》創造一個足以和霸主曹操對抗的暖男，只好把打督郵的事「栽贓」給張飛，還用溫柔同情的筆法，一路描寫劉備投靠公孫瓚、呂布、曹操、袁紹、劉表的不幸遭遇，好不容易找到諸葛亮，還是繼續逃亡，要不是靠關羽保護嫂嫂、趙雲救回劉禪，眞的就落了個妻離子散，超級催淚，一路艱辛浮沉，雖然沒有根據地，卻始終被視爲可敬又可怕的對手。像嚴謹的散文，一次一次失序又奮起，直到赤壁大戰後才據荊州，進川蜀，爲這段坎坷煎熬的創業血淚史，留下一個還算美好的結局。

對照曹操據兗州、俘青州軍、遷獻帝、戰袁紹，這一路上，有人主動獻策，有人陣前倒戈，就連進隴西都可以在大霧中誤闖敵營、大破天險，簡直是好命到讓人羨慕。難怪劉備要嘆一口氣，把所有的無可奈何，找個「投鼠忌器」的理由安慰自己。

曹操的「好命創業史」，不見得全部來自於幸運，最重要的基礎還是建立在人格特質。他善於觀察情勢，理解人性，掌握時機，可以從瞬息萬變的大環境開始，聚焦到人際網絡，以及像賭局般選定無悔的策略決斷，一路克服困難，逆勢翻身，多情多智又多疑，曲折反覆，像意象繁複的小說。

這樣聰明又好命的曹操，卻在重病時殺了華佗，算是他少見的「笨蛋傑作」，結果牽連重大，在吳、蜀情勢緊繃時，病情加重，無可挽回，還作了個讓他忐忑不安的夢。他忍不住去問賈詡：「以前，我曾經夢過三馬同槽，總懷疑馬騰父子在做亂，三馬衝撞我們曹家。沒想到，馬騰都死了，我還是又夢見三馬同槽，到底這是怎麼一回事呢？」

「祿馬啊！馬到成功，這是吉兆。」賈詡曾經多次隨著不同的老闆和曹操對抗，雖然曹操愛才，還是重用他，兩個人卻不是眞的很「麻吉」，精明的賈詡當然不會在曹操脾氣暴躁的重病期間，講一些讓人頭痛的眞心話，盡量挑一些好聽話來哄病人開心：「祿馬歸曹，好消息啊！何必懷疑呢？」

這天晚上，曹操在凌晨前醒了過來，日夜交替，整個世界籠罩在幽黯微光裡，剛好讓羅貫中這位小說大王表演他的「奇幻特技」。曹操有點頭昏，疲倦地趴著，忽然聽到房間傳來絲幔碎裂的聲音，抬頭一看，伏皇后、董貴人、二皇子，以及伏完、董承等二十幾個人，渾身是血，圍著團團暗雲，隱隱傳出索命聲，曹操拔劍，對空砍去，震垮了西南邊角，啊！那是劉備蜀國的方向，曹操昏了過去，被隨從解救後移到另一個宮殿養病，夜裡還是聽到殿外男女哭聲不絕。

這時，他終於恢復「最後的高智商」，拒絕大臣們「作法祈福」的建議，把握時間，務實地找來曹洪、陳群、賈詡、司馬懿等大臣，清楚地交代後事。

咦，怎麼會有司馬懿呢？曹操一向不喜歡司馬懿，總覺得他聰明又有大志，絕對是「帝王創業賽」中的傑出選手，擔心子孫後代無法和他對抗；又發現他行走時向後看，竟然像動畫一樣，身體不動，就輕鬆把頭轉過來，這在相書上叫做

「狼顧」，傳說這樣的人心術不正，讓人不安；最後還因爲馬騰死後夢見三馬同槽，懷疑這個「馬」，會不會指的就是司馬？這就足以讓我們想像一下，當司馬懿覺察到曹操對他生疑，除了夜以繼日低調工作，究竟還得如何拚命，才能打消曹操的疑慮呢？最後，加上賈詡解夢時把「三馬同槽」引向美好的「祿馬」，曹操終於在臨終時把司馬懿納入「輔政集團」，也讓我們看見了「三馬同槽」，慢慢掏空曹操的好運。

說起來眞奇怪，曹操二、三十個孩子，沒有一個繼承他的多面才能，只能這個孩子分一點、那個孩子分一點，有的能文、有的能武，唯一全才的曹沖又早夭，讓他的「好命創業史」，在短短四十年內就把好運用光了。曹丕在位六年，曹叡在位十三年，曹芳七歲登基，曹髦十三歲登基，到了曹奐，只能重複漢獻帝的命運，沒有實權，完全是司馬昭的傀儡。

蜀漢滅亡後，司馬昭進爵晉王，等他過世，司馬炎就篡魏襲位，曹奐後人再沒出現於任何官方紀錄。吳國少主孫皓投降後，參加超級宴會，當司馬炎得意地指著階梯下的臣子席位說：「我準備這個椅子，等你很久了。」沒頭腦的孫皓竟然頂嘴：「我在南方，也準備這個椅子等你很久了。」忤逆創業帝王，下場當然不怎麼好啦！

只有劉備的「苦情連續劇」，有個比較像童話故事的美好結尾。他的兒子劉禪，沒有像他孫子劉諶那樣的護國決心，更沒有慷慨激昂的殉國勇氣，不只是沒有能力，更重要的是沒有意願。諸葛亮漫長主政，劉禪沒有太多不滿，也不會把開創太平歲月當做是自己的職責，有人接棒，好日子就可以繼續努力下去，選擇平安裝傻，樂不思蜀，也算是亂世長河中，一縷美麗而寧靜的漣漪。

4 屍居餘氣

【典故】《晉書・宣帝紀》：「司馬公屍居餘氣，形神已離，不足慮矣。」

【思索】只剩下呼吸，什麼事都做不了。這樣活著，雖生如死，更能讓我們想清楚，我們為什麼活著？該如何好好活著？

【運用】年輕人宅在家裡，無所作為，就像屍居餘氣。只有振作起來，做自己喜歡做的事，擁抱熱情，享受陽光，才能發現生命的美好。

亂世中的「帝王爭霸賽」，需要具備很多才能，「裝笨」是其中很重要的技術。

曹操是裝笨高手。小時候，不滿叔叔對他管東管西，決心惡作劇假裝中風，讓老爸不再相信叔叔的「告狀」；後來卡在「官渡大戰」困局裡，聽到許攸叛離袁紹前來投靠，激動得來不及穿鞋就直接跑出去迎接許攸，夠「笨」了吧？這種盛大又獨特的歡迎式，可是讓許攸開心得不得了呢！

劉備也很強。當他想要「裝笨」時，就在曹操為他準備的客房附近，找地方種菜，還讓雷聲嚇得掉下筷子，所以才有機會讓曹操卸下心防，讓這隻找不到機會發威的老虎，有機會入西蜀據山林，創建自己的根據地。

孫堅、孫策完全不會「裝笨」，所以英年早逝。關羽和張飛想要裝笨也不會成功，因為，他們在不打仗的時候都喜歡當「文青」，關羽讀書、張飛畫畫，都是「高心智運動」，幸好，他們沒打算報名參加「帝王爭霸賽」。

這場帝王爭霸賽的「裝笨金牌手」，絕對就是司馬懿。像曹操這麼多疑嗜殺的人，看著司馬懿「狼顧」之相，作了「三馬同槽」的夢，又懷疑他的野心，還能在臨終時把他納入「輔政團隊」，可想而知，他在曹操面前，不知道做了多少比種菜、掉筷子還要低調的笨事。

不只在曹操這種聰明人身邊，他必須裝笨，就算在笨人面前，他也始終裝笨到底。曹叡是曹操最寶貝的孫子，也是魏國最後一個握有實權的君王，曹家替他取名叫「叡」，希望他聰明一點，偏偏他就是不聰明，臨終前死拖活拖，終於等到司馬懿率遠征軍從遼東回到河內駐紮，才急忙召他入宮囑咐：「終於等到你回來了。死前能見到你，把孩子託給您，我也沒什麼遺憾的了。」

七歲的曹芳緊緊勾住司馬懿的脖子，傻傻地哭了起來。曹叡鬆了口氣，深情地對司馬懿作最後叮嚀：「永遠別忘了今天這孩子對你的依戀啊！」

司馬懿當然不會忘記，勾住他的是個孩子，這孩子手上握著全天下最珍貴的寶器。從此，這頂全天下最珍貴的「皇冠」，再也不是爭霸天下的利器，而是輪流由曹芳、曹髦、曹奐這些小孩接棒保管的「玩具」。這時，這些小皇帝身邊，還有握有軍權的堂叔曹爽，正過著一人之下、萬人之上的「幸福快樂的日子」，司馬懿被架空，不能參與政事，處處被懷疑，他很快裝病回家，繼續裝得更笨，讓曹爽更放心、更大膽地縱容黨羽親信，進行形同「慢性自殺」的驕縱放肆。

但是，曹爽還是不放心，隔一陣子，讓親信找機會去調查，司馬懿到底是真病還是假病？

曹爽以大凌小，驕奢自大；司馬懿謹小慎微，只能步步爲營。這場諜報戰，無論是情報收集、策略分析，還是實際的因應權謀，毫無懸念地，一面倒地傾向司馬懿勝出，只剩下最後決勝點——司馬懿的演技，這是一場前所未有的「裝笨表演」，也是他一生中最誇張、最完美的演出。

當李勝從河南調任荊州刺史時，特地來向司馬懿辭行。兩個侍女扶出司馬懿時，衣服半拖在地上，虛弱地指著嘴巴表示口渴；沒力氣接碗，只能餵他吃稀飯，嘴脣哆嗦著，湯汁淋在胸前，衣服都弄髒了。習慣錦衣玉食的李勝，覺得有點噁心，忍不住說：「我以爲你只是老毛病復發，哪曉得竟然衰弱到這個地步呢！」

「我年老多病，就要死了。你現在去并州，那個地方胡人很多，一定要好好防備，我恐怕不能再和你見面了，拜託你好好照顧我的兒子。」司馬懿演得很入戲，深情又感傷。李勝無奈，再三和他強調：「我不是去并州啦！是荊州，很近的荊州。」

司馬懿還是胡言亂語，想辦法把李勝搞得不耐煩了，只覺得他神智不清，恨不得趕快回家。這個徹底失敗的間諜，只能對曹爽提出錯誤的情資分析：「司馬懿屍居餘氣，就剩口氣在呼吸，反正他快死啦！我們別擔心了。」

最後，司馬懿趁曹爽三兄弟帶著小皇帝到高平陵祭拜明帝時，發動政變。既不老、也沒病，乾脆俐落地廢曹爽，關城門，占軍營，曹爽與所有親信黨羽被捕，一起被屠滅三族。

這個名字叫做「叡」的「明」帝，不叡又不明，就這樣親手把曹家天下送給司馬懿。司馬懿的表演，已經變成經典，再也沒有人可以向他挑戰這種神奇的「笨工夫」。

「裝笨」運動賽，正式謝幕。司馬懿死後，兒子們擺脫「低調戰術」，越來越張揚擴權，大兒子司馬師廢除曹芳，另立十三歲的曹髦，病死後把一切權力交給弟弟司馬昭；司馬昭總攬大權後，剷除異己，打擊政敵，不斷想取代皇室，獨立門戶。

曹髦從小目睹家庭變故、宮廷爭鬥和皇室日衰的政治現實，文武全才，能力出衆，顯露出與年齡極不符合的成熟和世故，即位後撙節戒奢，慰勞百姓，糾察失職官員，立志興復皇室。他深知「司馬昭之心，路人皆知」，自己這個「傀儡皇帝」，遲早會被司馬昭除掉，爲了對付陰謀家的野心，只有拿出皇室尊嚴，悍然對抗。

他是中國歷史上，第一個親手上陣刺殺權臣的皇帝。只是，滿朝文武，都是和司馬昭利益糾纏的「共生集團」，曹髦當眾被殺，司馬昭只用幾輛破舊的車子送埋了曹髦，就讓他和他的後代，都消失在史料中。

司馬懿以「屍居餘氣」的個人演技，斷送了曹魏日漸「屍居餘氣」的脆弱王朝。

爲天下歸晉做好準備的司馬昭，在兒子司馬炎接棒後，正式逼曹奐禪位。眼看曹氏殞落，都是因爲氏族孤單，於是，司馬家大封諸王，終而釀成「八王之亂」，重挫國勢，和平安定的局面只維持十幾年，五胡亂華後造成大量破壞，百姓與世族爭相南遷，延續成「東晉」。北方進入「五胡十六國」的爭戰兼併，南北分裂，一直發展到南北朝時期，整個大時代都進入「屍居餘氣」的紛亂破碎，王朝更迭，生靈塗炭。

直到西元五八九年，才由隋朝重新整併起統一的王朝，爲盛唐做好準備。這一場又一場從成語脈絡串連出來的「帝王爭霸賽」實況轉播，終於也告一段落。

九歌小教室 08

三國成語攻略

對字，多一點感覺！4

著者　黃秋芳
責任編輯　鍾欣純
創辦人　蔡文甫
發行人　蔡澤玉
出版發行　九歌出版社有限公司
臺北市105八德路3段12巷57弄40號
電話／02-25776564・傳真／02-25789205
郵政劃撥／0112295-1
九歌文學網　www.chiuko.com.tw
印刷　晨捷印製股份有限公司
法律顧問　龍躍天律師・蕭雄淋律師・董安丹律師
初版　2016年7月
定價　250元

書號　0176408
ISBN　978-986-450-069-7
（缺頁、破損或裝訂錯誤，請寄回本公司更換）

國家圖書館出版品預行編目資料

三國成語攻略 : 對字, 多一點感覺. 4 / 黃秋芳著. -- 初版. -- 臺北市 : 九歌, 2016.07
面 ;　公分. -- (九歌小教室 ; 8)

ISBN 978-986-450-069-7(平裝)

1.漢語教學 2.中國文字 3.小學教學

523.311　　105009636